AF202508

Tucholsky Wagner Zola Scott Sydow Freud Schlegel
Turgenev Wallace Fonatne
Twain Walther von der Vogelweide Fouqué Friedrich II. von Preußen
Weber Freiligrath Frey
Fechner Fichte Weiße Rose von Fallersleben Kant Ernst Frommel
Richthofen
Hölderlin
Engels Fielding Eichendorff Tacitus Dumas
Fehrs Faber Flaubert
Eliasberg Ebner Eschenbach
Feuerbach Maximilian I. von Habsburg Fock Eliot Zweig
Ewald Vergil
Goethe Elisabeth von Österreich London
Mendelssohn Balzac Shakespeare
Lichtenberg Rathenau Dostojewski Ganghofer
Trackl Stevenson Doyle Gjellerup
Mommsen Tolstoi Hambruch
Thoma Lenz Droste-Hülshoff
von Arnim Hanrieder
Dach Verne Hägele Hauff Humboldt
Reuter
Karrillon Rousseau Hagen Hauptmann Gautier
Garschin
Defoe Baudelaire
Damaschke Descartes Hebbel
Hegel Kussmaul Herder
Wolfram von Eschenbach Schopenhauer
Darwin Dickens Rilke George
Bronner Melville Grimm Jerome
Bebel Proust
Campe Horváth Aristoteles
Bismarck Vigny Barlach Voltaire Federer Herodot
Gengenbach Heine
Storm Casanova Tersteegen Gilm Grillparzer Georgy
Chamberlain Lessing Langbein Gryphius
Brentano Lafontaine
Strachwitz Claudius Schiller Kralik Iffland Sokrates
Katharina II. von Rußland Bellamy Schilling
Gerstäcker Raabe Gibbon Tschechow
Löns Hesse Hoffmann Gogol Wilde Gleim Vulpius
Luther Heym Hofmannsthal
Klee Hölty Morgenstern Goedicke
Roth Heyse Klopstock Kleist
Luxemburg Puschkin Homer Mörike
La Roche Horaz Musil
Machiavelli
Navarra Aurel Musset Kierkegaard Kraft Kraus
Lamprecht Kind Kirchhoff Hugo Moltke
Nestroy Marie de France
Laotse Ipsen Liebknecht
Nietzsche Nansen
Marx Lassalle Gorki Klett Ringelnatz
von Ossietzky Leibniz
May vom Stein Lawrence Irving
Petalozzi Knigge
Platon Pückler Michelangelo Kafka
Sachs Poe Kock
Liebermann Korolenko
de Sade Praetorius Mistral Zetkin

Der Verlag tredition aus Hamburg veröffentlicht in der Reihe **TREDITION CLASSICS** Werke aus mehr als zwei Jahrtausenden. Diese waren zu einem Großteil vergriffen oder nur noch antiquarisch erhältlich.

Symbolfigur für **TREDITION CLASSICS** ist Johannes Gutenberg (1400 — 1468), der Erfinder des Buchdrucks mit Metalllettern und der Druckerpresse.

Mit der Buchreihe **TREDITION CLASSICS** verfolgt tredition das Ziel, tausende Klassiker der Weltliteratur verschiedener Sprachen wieder als gedruckte Bücher aufzulegen – und das weltweit!

Die Buchreihe dient zur Bewahrung der Literatur und Förderung der Kultur. Sie trägt so dazu bei, dass viele tausend Werke nicht in Vergessenheit geraten.

Paradoxe der Stoiker

Marcus Tullius Cicero

Impressum

Autor: Marcus Tullius Cicero
Umschlagkonzept: toepferschumann, Berlin

Verlag: tredition GmbH, Hamburg
ISBN: 978-3-8424-6960-0
Printed in Germany

Cicero

Marcus Tullius Cicero's

Paradoxe der Stoiker

an

Marcus Brutus.

Uebersetzt und erklärt von Dr. Ralph Kühner.

**Stuttgart.
Krais & Hoffmann.
1864.**

Vorwort
zu Cicero's Cato, Lälius und Paradoxen.

Bei meiner Uebersetzung von Cicero's Cato, Lälius und Parado-
xen habe ich die gründliche und durch Besonnenheit des Urtheils
ausgezeichnete Textesrecension von *Karl Halm* in der zweiten Auflage der Orelli'schen Ausgabe (M. Tullii Ciceronis Opera quae supers-
unt omnia ex recensione Jo. Casp. Orellii editio altera emendatior.
Volumen quartum. Turici, sumptibus ac typis Orellii Füsslini et Socio-
rum. MDCCCLXI) zu Grunde gelegt. Nur an wenigen Stellen sah ich
mich veranlaßt von derselben abzuweichen. Wo dieß aber gesche-
hen ist, habe ich es jedesmal in den Anmerkungen angezeigt, sowie
auch die Gründe angegeben, die mich dazu bestimmt haben.

Außerdem standen mir für die Beurtheilung des Textes, sowie für
die Uebersetzung und Erklärung desselben folgende Hülfsmittel zu
Gebote:

M. Tulii Ciceronis Cato Major seu de senectute et Paradoxa recensuit et scholiis Jacobi Facciolati suisque animadversionibus instruxit
Aug. Gotth. *Gernhard*. Lipsiae apud Gerhardum Fleischerum jun. 1819.

M. T. Ciceronis Laelius sive de amicitia dialogus recensuit et scholiis
Jacobi Facciolati suisque animadversionibus instruxit Aug. Gotth.
Gernhard. Lipsiae apud Gerhardum Fleischerum. 1825.

M. T. Ciceronis Laelius sive de amicitia dialogus. Mit einem Com-
mentar zum Privatgebrauche für reifere Gymnasialschüler und
angehende Philologen bearbeitet von Dr. Moritz *Seyffert*. Branden-
burg 1844. Druck und Verlag von Adolph Müller.

M. T. Ciceronis Cato Major sive de senectute dialogus erklärt von
Julius *Sommerbrodt*. Leipzig, Weidmann'sche Buchhandlung. 1851.

M. T. Ciceronis ad T. Pomponium Atticum de senectute liber, qui
inscribitur Cato Major, für den Schulgebrauch erklärt von Gustav
Lahmeyer. Leipzig, Druck und Verlag von B. G. Teubner. 1857.

M. T. Ciceronis de amicitia liber, qui inscribitur Laelius, für den
Schulgebrauch erklärt von Gustav *Lahmeyer*. Leipzig, Druck und
Verlag von B. G. Teubner. 1862.

Cicero's Paradoxa und Traum des Scipio, aus dem Lateinischen übersetzt und mit Anmerkungen erläutert. Berlin, bei Karl Matzdorff. 1791.

Des Marcus Tullius Cicero Cato der Aeltere oder Gespräch vom Greisenalter, Lälius oder Gespräch von der Freundschaft und Paradoxien, übersetzt und erläutert von Friedrich Carl Wolff. Altona bei Johann Friedrich Hammerich. 1805.

Cicero's Lälius oder Abhandlung von der Freundschaft, übersetzt von Dr.. Eucharius Ferdinand Christian Oertel. Ansbach, in der Gassert'schen Buchhandlung. 1821.

Marcus Tullius Cicero vom Greisenalter und von der Freundschaft, verdeutscht und erklärt von Dr. Karl Roth. Landshut, 1833. Druck und Verlag der Buch-, Kunst- und Musikalienhandlung von Joseph Thomann (Joh. Nep. Attenkofer).

Cicero's Cato oder vom Alter und Lälius oder von der Freundschaft, übersetzt von Friedrich Jacobs in der Sammlung von Reinhold Klotz: Cicero's sämmtliche Werke in Deutschen Uebersetzungen, Leipzig 1841. Verlag von Karl Focke.

Cicero's paradoxe Sätze der Stoiker, übersetzt von Johann Friedrich Schröder. Leipzig 1841, in derselben Sammlung.

Marcus Tullius Cicero's Cato der Aeltere oder vom Greisenalter und Lälius oder von der Freundschaft, übersetzt von Wilhelm Matthäus Pahl. Zweite Auflage. Stuttgart, Verlag der J. B. Metzler'schen Buchhandlung. 1857.

Hannover, am 20. April 1864.

R. Kühner.

Einleitung zu den Paradoxen.

I. Beurtheilung der Schrift. – Zeit der Abfassung.

1. Cicero's Abhandlung, welche *Paradoxe der Stoiker* überschrieben ist, bildet eine Ergänzung zu der Schrift von dem höchsten Gute und Uebel, wo er im III. Buche §. 15 in der Erörterung der Stoischen Lehre die Paradoxe erwähnt. Was dort kurz berührt ist, wird hier ausführlich entwickelt. Paradoxe werden von den Stoikern kurze Lehrsätze genannt, welche einen Gedanken aussprechen, der gegen die Meinung (παρὰ δόξαν) der großen Menge streitet oder zu streiten scheint. Aus der großen Anzahl der Stoischen Paradoxe hat Cicero nur sechs wichtigere zum Gegenstand seiner Betrachtung gemacht, da sich auch die übrigen nach den gegebenen Erörterungen leicht beurtheilen und erklären lassen.

2. Ueber die Absicht, die er bei Abfassung dieser Schrift gehabt hat, spricht sich Cicero in dem Vorworte zu derselben deutlich aus. Er will die Wahrheit dieser Lehrsätze darthun und sie durch eine klare und blühende Sprache der großen Menge annehmbar machen. An diesen Sätzen, sagt er (), die der gewöhnlichen Ansicht widersprechen, wünsche er einen Versuch zu machen, ob man sie nicht an's Tageslicht, das heißt auf das Forum, hervorziehen und so vortragen könne, daß sie annehmbar befunden würden, und zwar habe er diese kleine Schrift mit um so größerem Vergnügen abgefaßt, weil jene Sätze, näher betrachtet, ächt Sokratisch und durchaus wahr zu sein schienen. Es war ihm daher in dieser Abhandlung weniger darum zu thun diese Lehrsätze in streng philosophischer Weise zu entwickeln als vielmehr dieselben für das Leben fruchtbar zu machen. Sowie in der Schrift von der Freundschaft, so nimmt er auch hier weniger den Standpunkt eines Philosophen ein als den eines praktischen Staatsmannes, indem er mit der ganzen Kraft eines Redners gegen die damals mehr und mehr um sich greifende Lasterhaftigkeit der Römer, und zwar besonders vieler hochgestellter Staatsmänner, kämpft. Zugleich hat er aber auch, wie einerseits aus dem Vorworte, andererseits aus der Darstellungsweise, deren er sich bedient hat, deutlich hervorgeht, die Behandlung der sechs Paradoxe als eine Redeübung betrachtet. Die sechs Abhandlungen tragen ganz das Gepräge von rednerischen Prunkreden an sich;

daher auch die so häufige Anwendung der Apostrophe, einer rhetorischen Figur, deren sich der Redner bedient, wenn er sich von der Sache abwendet und eine Person als anwesend anredet.

3. Aber die Ansicht derer ist zu verwerfen, die da meinen, die Schrift sei eigentlich weiter Nichts als Redeübungen, und man dürfe daher keineswegs aus derselben schließen, daß Cicero die darin enthaltenen Ansichten als eigene Ueberzeugung ausgesprochen habe. Denn Cicero selbst sagt zu Anfang des ersten Paradoxon: »Ich befürchte, daß Mancher von euch glaubt, diese Abhandlung sei aus den Untersuchungen der Stoiker, nicht aber aus meiner eigenen Ueberzeugung geschöpft; doch ich will sagen, was ich denke«. Allerdings sucht Cicero die Stoischen Paradoxe in der Rede für Lucius Murena (Kap. 29 und 30) lächerlich zu machen und in der Schrift von dem höchsten Gute (IV. 27 und 28) vom philosophischen Standpunkte aus zu widerlegen. In Betreff der erwähnten Rede sagt Cicero selbst an der angeführten Stelle der Schrift von dem höchsten Gute: »Ich will jetzt mit dir nicht so scherzen, wie ich es über dieselben Gegenstände (die Paradoxe) that, als ich Lucius Murena gegen deine (Cato's) Anklage vertheidigte«. Daß er aber in dem vierten Buche der Schrift von dem höchsten Gute die Sätze der Stoiker zu bekämpfen sucht, darf keineswegs auffallen, da er hier als Neuakademiker auftritt. Aus einer Vergleichung der moralischen Schriften Cicero's erhellt deutlich, daß er sich in der Moral an die Stoische Lehre anschloß[1] . In dem Wesen der neuen Akademiker aber lag es bei der Untersuchung einer Frage alle Gründe und Momente, welche für und gegen dieselbe angeführt werden können, sorgfältigst zu untersuchen und gegen einander abzuwägen und so das darinliegende Wahrscheinlichste aufzufinden[2] .

4. Man hat zu zeigen versucht, daß die einzelnen Abhandlungen der sechs Paradoxe in einem gewissen inneren Zusammenhange ständen[3] . Allein diese Versuche verrathen allerdings Scharfsinn, führen aber keineswegs zu einem befriedigenden Ergebnisse.

---

[1] S. unsere Schrift: Ciceronis in philos. merit. p. 222 sqq.

[2] S. ebendaselbst p. 148 sq.

[3] S. MoserProleg. ad Parad. XXXVI sq.

5. Was die *Zeit der Abfassung* der Paradoxe betrifft, so läßt sie sich nicht mit Sicherheit bestimmen; aber die richtigste Ansicht scheint die zu sein, daß sie kurz nach Herausgabe des Brutus oder der Schrift von den berühmten Rednern anzunehmen sei. Der Brutus ist im J. R. 707 oder 47 v. Chr. in dem einundsechzigsten Lebensjahre Cicero's, als Cäsar nach Afrika gegen Scipio und den König Juba gegangen war und kurz zuvor den Marcus Brutus zum Befehlshaber von dem Cisalpinischen Gallien gemacht hatte, verfaßt worden. Zu Anfang des Monats April wurden Scipio und Juba von Cäsar besiegt, und wenige Tage darauf nahm sich Cato zu Utika das Leben. Cicero redet aber von Cato als von einem Lebenden[4] . Demnach muß man schließen, daß Cicero diese Schrift in *der* Zeit abgefaßt habe, die zwischen der Herausgabe des Brutus und der Ankunft der Nachricht von Cato's Tode liegt. Die Ansicht von *Schütz* aber, die einen Zwischenraum von etwa zehn Jahren zwischen dem Anfange und dem Ende der Schrift annimmt, so daß im J. R. 697 (= 57 v. Chr.) das zweite, vierte und sechste Paradoxon, das sechste wenigstens nicht nach 698, das Vorwort aber mit den drei übrigen 707 geschrieben sei, ist von *Gernhard*[5] gründlich widerlegt worden.

II. Inhalt.

Vorwort. Zuschrift an Marcus Brutus. Erklärung der Absicht, die Cicero bei Abfassung dieser Schrift gehabt hat.

Erstes Paradoxon.*Nur was sittlich schön ist, ist ein Gut.* Was man gewöhnlich für Güter hält, wie Reichthum, Macht, sinnliche Vergnügungen, das sind keine Güter; denn sie sind nicht fähig unser Gemüth zu befriedigen und können auch im Besitze schlechter Menschen sein. Begriffsbestimmung von dem wahren Gute (). Beispiele guter, d. h. tugendhafter Männer (). Besondere Erwähnung der Sinnenlust ().

(Ueber dieses Paradoxon vgl. Cicer. de Fin. III. 7, 26. 8, 27–29. und was dagegen gesagt wird IV. 15, 40 ff. 17, 46 ff. 18 48 ff.)

Zweites Paradoxon.*Die Tugend genügt sich selbst zur Glückseligkeit.* Wem Alles vom Schicksale abhängig ist, für den kann es nichts

---

[4] S. Prooem. §. 2.

[5] Prolegom. ad Parad. p. XXXVII sq.

Gewisses geben; wer aber ganz von sich selbst abhängt, den kann äußeres Unglück nicht unglücklich machen, der ist vollkommen glückselig.

(Ueber dieses Paradoxon vgl. Cicer. de Fin. III. 12, 41. 13 42 ff. 14, 45 ff. und was dagegen gesagt wird IV. 19, 54. 20, 56 ff. – 24, 65 ff.)

Drittes Paradoxon. *Sowie die Sünden, so sind auch die guten Handlungen einander gleich.* Die Sünden sind nicht nach ihren Folgen, sondern nach den Lastern der Menschen zu bemessen. Der Gegenstand der Sünde kann zwar bald wichtiger bald geringer sein; aber das Sündigen selbst ist immer einerlei. Wenn die Tugenden einander gleich sind, so müssen es auch die Laster sein. Nun aber sind die Tugenden einander gleich; denn Niemand kann besser als gut sein. Es gibt nur Eine Tugend, den mit der Vernunft übereinstimmenden und stäts gleichbleibenden Seelenzustand (). Die Ueberzeugung aber, daß zwischen den Vergehungen kein Unterschied stattfinde, muß die Menschen am Meisten von jeder Schlechtigkeit abhalten. Nur die Umstände machen in der Sünde einen Unterschied, aber nicht das Wesen der Sache. Nicht soll im Leben die für jede Vergehung bestimmte Strafe berücksichtigt werden, sondern wie viel jedem Menschen erlaubt sei. Was aber nicht erlaubt ist, muß als ein Unrecht angesehen werden. In jeder Sünde wird durch Störung der Vernunft und Ordnung gesündigt; sobald aber einmal diese gestört worden sind, so kann Nichts hinzutreten, wodurch man in höherem Grade zu sündigen scheinen könnte ().

(Ueber dieses Paradoxon vgl. Cicer. de Fin. III. 9, 32. 10, 33. 34. 12, 41. 13, 42 ff. 14, 45 ff. und was dagegen gesagt wird IV. 25–28.)

Viertes Paradoxon. *Jeder Thor ist sinnlos.* Daß von Cicero's Abhandlung über das vierte Paradoxon nur die ersten Zeilen, und zwar höchst lückenhaft, erhalten sind, haben wir in den Bemerkungen erwähnt. Das Folgende behandelt das Paradoxon: *Nur der Weise ist ein Bürger, alle Unweisen sind Verwiesene.* Diese Abhandlung ist, wie wir sie jetzt haben, weiter Nichts als eine gegen den Clodius gerichtete Prunkrede. in der Cicero zeigt, Clodius habe ihn gar nicht aus dem Staate vertreiben können, da der Römische Staat damals kein Staat gewesen sei, weil alle Gesetze und alle Billigkeit und Gerechtigkeit aufgehoben gewesen sei; er sei daher immer Bürger gewesen, Clodius hingegen, obwol er zu Rom gelebt habe, sei nicht ein Bürger, sondern ein Feind Rom's gewesen; der wahre Bürger müsse nach Gesinnung und Thaten beurtheilt werden, nicht nach Abstammung und Wohnort. Aber wahrscheinlich ist der erste Theil der Abhandlung, in dem das Wesen des Weisen und des Thoren vom philosophischen Standpunkte aus erklärt worden ist, verloren gegangen.

Fünftes Paradoxon.*Der Weise allein ist frei, und jeder Thor ist ein Sklave.* Nur der ist frei, der seine Leidenschaften zu beherrschen vermag. Denn Freiheit ist die Macht so zu leben, wie man will, und nur der lebt, wie er will, welcher zu jeder Zeit dem Sittlichrechten folgt. Also ist nur der Weise frei, der Unweise aber ein Sklave. Denn Sklaverei besteht darin, daß man einem kraftlosen und kleinmüthigen Geiste, der keinen freien Willen hat, Gehör gibt. Also sind alle Leichtfertigen, Leidenschaftlichen, alle Schlechten Sklaven.

Sechstes Paradoxon.*Der Weise allein ist reich.* Für reich ist der zu halten, der so Viel besitzt, als zu einem anständigen Leben genügt, und damit zufrieden ist. Diejenigen aber, die man gewöhnlich Reiche nennt, sind nicht reich, sondern vielmehr arm; denn sie sind nie mit dem zufrieden, was sie haben, sondern begehren immer Mehr Der wahre Reichthum beruht auf der Tugend, die dem Menschen nie entrissen werden kann. Die Tugendhaften sind daher allein reich; sie allein besitzen gewinnreiche und dauernde Güter und sind allein mit dem zufrieden, was sie haben, und vermissen Nichts.

Marcus Tullius Cicero's

Paradoxe der Stoiker.

Vorwort.

1. Oft habe ich bemerkt, mein lieber Brutus[6] , daß dein Oheim Cato[7] , wenn er im Senate seine Meinung aussprach, gewichtige Lehrsätze aus der Philosophie abhandelte, die unserem öffentlichen Gerichtsverfahren fern lagen, und es gleichwol durch seine Beredsamkeit dahin brachte, daß sie auch dem Volke annehmbar erschienen.

2. Und dieses war für ihn um so schwieriger, als es für dich oder mich sein würde, weil wir uns mehr mit derjenigen Philosophie[8]

---

[6] Marcus Junius Brutus, Sohn des Marcus Junius Brutus, eines Rechtsgelehrten, und der Servilia, einer Schwester des Cato Uticensis, einer der Mörder Cäsar's. Er beschäftigte sich viel mit Philosophie und gab auch eine Schrift über die Tugend, eine über die Pflichten und eine über die Geduld heraus. Diese Schriften sind alle untergegangen. Er war ein Anhänger der alten Akademie. Ihm hat Cicero außer dieser Schrift auch die fünf Bücher der Tusculanen, die fünf Bücher von dem höchsten Gute und Uebel, die drei Bücher von dem Wesen der Götter und den Redner gewidmet, sowie auch die Schrift von den berühmten Rednern nach ihm Brutus genannt.

[7] Marcus Porcius Cato, der Jüngere, der später den Beinamen Uticensis erhielt, weil er sich nach der Schlacht bei Pharsalus in Utika, einer Stadt in Afrika, entleibte (46 v. Chr.), um nicht den Verlust der Freiheit seines Vaterlandes zu überleben. Er war der Urenkel des Marcus Porcius Cato Censorius und, wie Anm. 1 erwähnt wurde, der Bruder der Servilia, der Mutter des Brutus.

[8] Nämlich der alten Akademiker und Peripatetiker. Eine sehr wichtige Stelle über diese Philosophen und die Stoiker in Beziehung auf die Beredsamkeit findet sich in Cicer. Brut. c. 31: Tum Brutus: Quam hoc idem in nostris contingere intelligo quod in Graecis, ut omnes fere Stoici prudentissimi in disserendo sint et id arte faciant sintque architecti paene verborum, iidem, traducti a disputando ad dicendum, inopes reperiantur. Unum excipio Catonem, in quo perfectissimo Stoico eloquentiam non desiderem... Et ego: Non, inquam, Brute, sine causa, propterea quod istorum in dialecticis omnis cura consumitur, vagum illud orationis et fusum et multiplex non adhibetur genus. Tunc autem avunculus.. habet a Stoicis id, quod ab illis petendum fuit; sed dicere didicit a dicendi magistris eorumque more se exercuit. Quodsi omnia a philosophis essent petenda, Peripateticorum institutis commodius fingeretur oratio. Quo magis tuum, Brute, judicium probo, qui eorum philosophorum sectam secutus es, quorum in doctrina atque praeceptis disserendi ratio conjungitur cum suavitate dicendi et copia, quanquam ea ipsa Peripateticorum Academicorumque consuetudo in ratione dicendi talis est, ut nec perficere oratorem possit ipsa per sese, nec sine ea orator esse perfectus. Nam ut Stoicorum adstrictior est oratio aliquantoque contractior,

beschäftigen, welche für den Redner eine Quelle des Reichthums ist, und in welcher Lehrsätze vorgetragen werden, die sich nicht sehr von den Begriffen des Volkes entfernen, Cato hingegen, ein vollkommener Stoiker meines Erachtens, einerseits Grundsätze befolgt, welche bei der großen Menge nicht eben Billigung finden, andererseits ein Anhänger einer Sekte[9] ist, welche keine Blüten der Beredsamkeit aufsucht und ihre Beweise nicht breit ausspinnt, sondern nur durch kurze Schlußsätze, gleichsam durch einzelne Punkte, das, was sie sich vorgenommen hat, zu beweisen sucht[10].

3. Doch Nichts ist so unglaublich, daß es nicht der Vortrag annehmlich machen, Nichts so rauh, so ungebildet, daß es nicht durch ihn Glanz erhalten und ausgebildet werden könnte. Durch diese Vorstellung bewogen, habe ich noch mehr gewagt als jener selbst, von dem ich rede. Denn Cato pflegt nur von Seelengröße, von Enthaltsamkeit, vom Tode, von jeder Vortrefflichkeit der Tugend, von den unsterblichen Göttern, von Vaterlandsliebe nach Stoischen Grundsätzen mit Anwendung rednerischen Schmuckes zu reden. Ich aber habe selbst solche Lehrsätze, deren Beweise die Stoiker kaum in den Gymnasien[11] oder in müßigen Stunden untersuchen, zum Zeitvertreib unter Gemeinsätze zusammengefaßt. 4. Und an diesen Lehrsätzen, welche, weil sie auffallend sind und gegen die gewöhnliche Meinung der Menschen streiten, auch von ihnen selbst παράδοξα[12] genannt werden, wünschte ich einen Versuch zu machen, ob man sie nicht an's Tageslicht, das heißt auf das Forum hervorziehen und so vortragen könne, daß sie annehmbar befunden würden, oder ob etwas Anderes die Gelehrtensprache, etwas Anderes die Volkssprache sei.

---

quam aures populi requirunt; sic illorum liberior et latior, quam patitur consuetudo judiciorum et fori.

[9] Ich habe hier absichtlich ein fremdes Wort gebraucht, weil auch Cicero sich des Griechischen Wortes haeresis bedient hat.

[10] Ueber die Stoiker vergleiche außer der eben angeführten Stelle des Brutus Cicer., 65 sq. de Fin. IV. 3, 7.

[11] D. h. in den Schulen der Philosophen.

[12] D. h. Sätze, die da sind παρὰ δόξαν, gegen die Meinung, nämlich der großen Menge.

Und mit um so größerem Vergnügen habe ich diese Schrift abgefaßt, weil mir jene sogenannten παράδοξα ächt Sokratisch[13] und im höchsten Grade wahr zu sein scheinen.

5. Du wirst also dieses kleine Werkchen als eine Frucht meiner Arbeiten in diesen schon kürzeren Nächten annehmen, da ja jenes Geschenk[14]   gesehen haben, *Brutus* genannt hatte.[EndFootnote] meiner größeren Nachtwachen unter deinem Namen bereits erschienen ist, und diese Art der Uebungen kosten, deren ich mich zu bedienen pflege, wenn ich das, was man in den Schulen der Philosophen θετικά[15] nennt, auf das Gebiet dieser unserer rednerischen Ausdrucksweise übertrage.

Doch daß du mir dieses Werk in dein Einnahmebuch eintragest, verlange ich durchaus nicht. Es ist ja keine Minerva des Phidias[16]   ,

---

[13] Ebenso Cicer. Academ. II. 44, 138: sunt enim Socratica pleraque mirabilia stoicorum, quae παράδοξα nominantur.

[14] Nämlich die Schrift de claris Oratoribus (von den berühmten Rednern), die Cicero, wie wir Marcus Junius Brutus, Sohn des Marcus Junius Brutus, eines Rechtsgelehrten, und der Servilia, einer Schwester des Cato Uticensis, einer der Mörder Cäsar's. Er beschäftigte sich viel mit Philosophie und gab auch eine Schrift über die Tugend, eine über die Pflichten und eine über die Geduld heraus. Diese Schriften sind alle untergegangen. Er war ein Anhänger der alten Akademie. Ihm hat Cicero außer dieser Schrift auch die fünf Bücher der Tusculanen, die fünf Bücher von dem höchsten Gute und Uebel, die drei Bücher von dem Wesen der Götter und den Redner gewidmet, sowie auch die Schrift von den berühmten Rednern nach ihm Brutus genannt.

[15] θετικά, d. h. eigentlich: was sich zum Setzen, Aufstellen (nämlich von Sätzen) schickt. Wie in den Schulen der Philosophen, so wurden nach deren Vorgange auch in den Schulen der Rhetoren zur Einübung der gegebenen Lehren Vorträge (μελέται, declamationes) gehalten. Zu diesen Vorträgen wählte man theils die Behandlung der sogenannten unbestimmten Fragen (θέσεις, quaestiones infinitae) über einen Gegenstand im Allgemeinen ohne Rücksicht auf bestimmte Personen und Zeiten, z. B.»Genügt die Tugend allein zur Glückseligkeit«, theils die Behandlung der sogenannten bestimmten Fragen (ηποθέσεις, quaestiones finitae) über einen bestimmten Gegenstand mit Rücksicht auf bestimmte Personen und Zeiten, z. B.»Soll man beschließen, daß wir von den Karthagern unsere Gefangenen gegen Rückgabe der ihrigen annehmen.« S. unsere .

[16] Phidias aus Athen, der berühmteste Bildhauer des Alterthums, lebte zur Zeit des Perikles (um 430 v. Chr.). Für sein Meisterwerk wurde die hier erwähnte Bildsäule der Minerva gehalten; sie war aus Elfenbein und in der Burg von Athen ausgestellt. S. Plinius 36, 5.

die auf der Burg aufgestellt zu werden verdiente, indeß doch von der Art, daß man deutlich erkennt, es sei aus derselben Werkstatt hervorgegangen.

Erstes Paradoxon.

Ὅτι μόνον τὸ καλὸν ἀγαθόν.

Nur was sittlich schön ist, ist ein Gut.

6. Ich befürchte, daß Mancher von euch glaubt, diese Abhandlung sei aus den Untersuchungen der Stoiker, nicht aber aus meiner eigenen Ueberzeugung geschöpft; doch ich will sagen, was ich denke, und ich will es kürzer sagen, als ein so wichtiger Gegenstand erheischt.

Niemals fürwahr bin ich der Ansicht gewesen, daß der Reichthum jener Leute, ihre prachtvollen Paläste, ihre Macht, ihre Staatswürden oder die sinnlichen Vergnügungen, an die sie am Meisten gekettet sind, unter die Zahl der guten und begehrenswerthen Dinge zu rechnen seien. Denn ich sah, daß Leute, die diese Dinge in reichster Fülle besaßen, dennoch das am Meisten begehrten, woran sie Ueberfluß hatten. Der Durst unserer Begierden wird ja nie gestillt, nie gesättigt, und die im Besitze dieser Güter sind, werden nicht nur durch die Begierde sie zu vermehren gequält, sondern auch durch die Furcht sie zu verlieren.

7. In diesem Punkte vermisse ich daher oft die Einsicht unserer Vorfahren, der genügsamsten Menschen, die diese so hinfälligen und dem Wechsel unterworfenen Dinge[17] mit dem Namen »Güter« bezeichnen zu müssen meinten, da sie doch in Wirklichkeit und in ihren Thaten ganz anders geurtheilt hatten.

Kann ein Gut irgend Einem zum Schaden gereichen? oder kann irgend Jemand beim Ueberflusse an Gütern selbst nicht gut sein? Nun aber sehen wir, daß alle jene Dinge von *der* Art sind, daß auch

---

[17] In den Handschriften wird gelesen commutabilia pecuniae membra. Nach dem Vorgange Bentley's hält Halm die Worte pecuniae membra mit Recht für ein Glossem und hat sie in Klammern eingeschlossen. Schütz muthmaßt pecuniae munera,Peerlkampfortunae munera;Orelli hält bloß membra für unächt, so daß der Genitiv pecuniae von haec imbecilla et commutabilia abhienge, was aber, namentlich bei Cicero, viel zu hart sein würde.

21

schlechte Menschen sie besitzen und rechtschaffene sie entbehren[18]
.

8. Darum mag spotten, wer da will; bei mir jedoch wird die wahre Vernunft mehr gelten als der großen Menge Vorurtheil. Und sowie ich nie sagen werde, Jemand habe Güter verloren, wenn er an seinem Viehstande oder an seinem Hausgeräthe einen Verlust erlitten hat; ebenso werde ich oft jenen Weisen loben, – Bias[19] war es, wie ich meine, der unter die Sieben gezählt wird, – der, als der Feind seine Vaterstadt Priene eingenommen hatte, und alle Anderen auf ihrer Flucht Vieles von ihren Habseligkeiten mit sich nahmen, Einem, der ihn ermahnte ein Gleiches zu thun, zur Antwort gab:»Ich thue es ja; denn ich führe alle meine Habe bei mir.« 9. So hielt also dieser Mann jene Spielwerke des Glückes, die wir sogar Güter nennen, nicht einmal für sein Eigenthum.

Was ist also, wird man fragen, ein Gut? *Wenn Etwas auf eine rechtmäßige, anständige und tugendhafte Weise gethan wird, von dem sagt man, es sei gut gethan, und was rechtmäßig, anständig, mit der Tugend übereinstimmend ist, das allein halte ich für ein Gut.*

II.10. Doch diese Sätze können etwas anstößig[20] erscheinen, wenn sie allzu trocken[21] erörtert werden; durch das Leben und die Thaten berühmter Männer aber werden sie in ein helleres Licht gesetzt[22] . Denn ich frage euch, ob wol die Männer, die uns unseren Staat so vortrefflich gegründet hinterlassen haben, irgend einen Gedanken an Geld zur Befriedigung ihrer Habsucht oder an anmuthige Gegenden zur Ergötzlichkeit oder an Hausgeräth zur Uep-

---

[18] Nach der, auch von Halm aufgenommenen, Muthmaßung Ochsner's und Madvig'sabsint statt des handschriftlichen obsint, was einen verkehrten Sinn gibt.

[19] Bias, einer der sieben Weisen, aus Priene in Jonien, um 600 v. Chr.

[20] odiosiora. Die Lesart obscuriora bei Orelli, Moser u. A. beruht auf schwacher Autorität.

[21] lentius. Ohne Grund muthmaßt Ruhnkendiligentius

[22] Nach den Worten: vita atque factis illustrata sunt summorum virorum folgt in den Handschriften der Zusatz: haec quae verbis substilius quam satis est disputari videntur, der mit Recht nach Gruter's Vorgange von Halm als ein Glossem in Klammern eingeschlossen ist.

pigkeit oder an Gastmähler zum Dienste ihrer Sinnlichkeit gehabt haben. 11. Stellt euch einen Jeden von ihnen[23] vor Augen. Wollt ihr mit Romulus beginnen? wollt ihr nach Befreiung unseres Staates mit dessen Befreiern selbst? Auf welchen Staffeln stieg Romulus in den Himmel? Waren es etwa die sogenannten Güter dieser Welt? oder nicht vielmehr Heldenthaten und Verdienste? Wie? Mit Numa Pompilius[24]? Meinen wir, seine geringen Opferschalen und irdenen Krüglein wären den unsterblichen Göttern minder angenehm gewesen als die künstlich gearbeiteten[25] Opferschalen Anderer? Ich übergehe die übrigen; denn sie sind sich alle, Superbus ausgenommen, einander gleich. 12. Fragt man den Brutus[26], wonach er bei der Befreiung seines Vaterlandes strebte, fragt man ebenso die übrigen Mitgenossen des nämlichen Unternehmens, was sie beabsichtigten, welchen Zweck sie verfolgten: konnte wol Einer von ihnen auftreten, von dem man annehmen möchte, er habe sich die Sinnenlust, den Reichthum, kurz, außer der Pflicht eines tapferen und großen Mannes irgend etwas Anderes zum Zwecke vorgesetzt?

Welcher Umstand trieb den Gajus Mucius[27] zur Ermordung des Porsenna? Welche Gewalt hielt den Cocles gegen das ganze feindli-

---

[23] Die Handschriften haben: unum quemque regum.Madvig bemerkt richtig regum könne nicht stehen, da im Folgenden auch von Anderen die Rede sei. Halm hat daher das Wort als unächt in Klammern eingeschlossen. Aber unum quemque allein ist hart; ich glaube daher, Cicero habe geschrieben: unum quemque eorum, und regum sei eine Glosse von eorum.

[24] Ich interpungire mit Orelli:Quid? a Numa Pompilio? Minusne etc.Halm dagegen so: Quid? a Numa Pompilio minusne etc.

[25] felicatas oder filicatas von filix, Farnkraut. Es sind also Schalen zu verstehen, die mit erhabener Arbeit in der Gestalt von Farnkrautblättern geschmückt waren.

[26] Ueber Lucius Junius Brutus s. zu .

[27] Tarquinius Superbus bewog nach seiner Vertreibung aus Rom den Porsenna, den mächtigen König von Clusium, einer Stadt in Etrurien, die Römer zu bekriegen. Er drang bis zur Tiberbrücke vor und war schon im Begriff in Rom selbst einzudringen, als Horatius Cocles an der Brücke den Sturm des Feindes so lange aufhielt, bis die Brücke hinter ihm abgetragen war, worauf er sich in den Flut stürzte und trotz der feindlichen Geschosse glücklich an das jenseitige Ufer schwamm. S. Livius II. 10. Um aber Rom von der Belagerung zu befreien, faßte Gajus Mucius Cordus den Entschluß den Porsenna in seinem Lager zu tödten.

che Heer allein auf der Brücke? Welche nöthigte den alten Decius[28], welche seinen Sohn sich dem Tode zu weihen und mit verhängtem Zügel in die bewaffneten Scharen der Feinde zu stürzen? Welchen Zweck verfolgte die Genügsamkeit des Gajus Fabricius[29]? welchen die kärgliche Lebensweise des Manius Curius? welchen die beiden Vormauern im Punischen Kriege, Gnäus und Publius Scipio[30], die es für ihre Pflicht hielten den Karthagern mit ihren Leibern das Vorrücken zu versperren? welchen der ältere Africanus? welchen der jüngere[31]? welchen der zwischen diesen beiden lebende[32]? welchen unzählige Andere? Denn wir haben einen Ueberfluß an vaterländischen Beispielen. Können wir wol von diesen Männern annehmen, daß sie in ihrem Leben sich irgend etwas Anderes als begehrenswerth gedacht haben, als was preiswürdig und vortrefflich ist?

Als Etrurischer Bauer verkleidet, begab er sich in das feindliche Lager und ermordete den Geheimschreiber des Königs, den er für den König selbst hielt. Vor Porsenna geführt, streckte er, um seine Gleichgültigkeit gegen die ihm angedrohten Martern zu zeigen, seine rechte Hand in ein danebenstehendes Becken mit glühenden Kohlen und ließ sie, ohne ein Zeichen des Schmerzes zu äußern, verbrennen. Porsenna, diese Unerschrockenheit anstaunend, schenkte ihm das Leben. Mucius erhielt nun den Beinamen Scävola, d. h. Linkhand. S. Livius II. 12.

[28] Ueber die beiden Decier s. zu .

[29] Ueber Fabricius und Manius Curius s. zu .

[30] Ueber Gnäus und Publius Scipio s. zu .

[31] Ueber den älteren Scipio Africanus s. zu ; über den jüngeren zu . Uebrigens wird in den meisten Handschriften bloß gelesen: Quid Africanus major? ohne die Worte: quid minor? Auch Halm läßt sie weg. Aber der Zusatz quid minor? ist an sich schon natürlich und wegen der folgenden Worte: quid inter horum aetates interjectus Cato sogar nothwendig.

[32] Marcus Porcius Cato, der Aeltere, mit dem Beinamen Censorius oder der Weise, 196 v. Chr. Consul, 186 Censor, war ein Mann von einem unbeugsamen Charakter und großer Strenge und ein guter Redner, Rechtskundiger und Feldherr, sowie auch ein gründlicher Geschichtsforscher. Auch als Schriftsteller in verschiedenen Fächern hat er sich ausgezeichnet. Sein Werk Origines, eine Urgeschichte, worin er in sieben Büchern die Abstammung und Geschichte der Italischen Völker behandelt, wird von den Alten oft angeführt. Er starb im J 149 v. Chr. (also drei Jahre vor der Zerstörung Karthago's durch den jüngeren Scipio Africanus). Bekannt ist sein unversöhnlicher Haß gegen Karthago.

24

13. So mögen denn jene Spötter dieses meines Vortrages und Grundsatzes kommen und nun auch selbst urtheilen, ob sie lieber Einem von denen gleichen wollen, welche marmorne, von Gold und Elfenbein glänzende Paläste, welche Bildsäulen, welche Gemälde, kunstvoll gearbeitetes Geschirr von Gold und Silber, welche Korinthische Kunstwerke im Ueberfluß besitzen, oder dem Gajus Fabricius, der von diesen Dingen Nichts hatte, Nichts haben wollte.

14. Doch daß diese beweglichen Dinge nicht unter die Zahl der Güter zu rechnen seien, davon lassen sie sich wol ohne Mühe überzeugen; aber daran halten sie fest und das vertheidigen sie sorgfältig, daß das sinnliche Vergnügen das höchste Gut sei[33].

In dieser Behauptung glaube ich die Stimme eines unvernünftigen Thieres, nicht eines Menschen zu hören. Du, dem die Gottheit oder die Natur[34], die Mutter aller Dinge, wenn ich so reden darf, einen Geist, der das vorzüglichste und göttlichste Gut ist, verliehen hat, du willst dich selbst so wegwerfen und erniedrigen, daß du zwischen dir und einem Vierfüßler keinen Unterschied findest?

Ist wol irgend Etwas ein Gut, das den, der es besitzt, nicht wirklich besser macht? 15. Denn je größer der Antheil ist, den Jemand an einem solchen Gute besitzt, desto lobenswürdiger ist er, und es gibt kein Gut, dessen sich nicht der Besitzer mit Ehren rühmen könnte.

Was findet sich aber hiervon in der Sinnenlust? Macht sie den Menschen besser oder lobenswürdiger? Brüstet sich wol Einer sich rühmend und preisend, wenn er sinnliche Vergnügungen genießt?

Nun denn, wenn die Sinnenlust, die von so Vielen in Schutz genommen wird, nicht unter die Güter zu zählen ist, sondern vielmehr, je größer sie ist, um desto mehr den Geist gleichsam aus seiner Fassung bringt und von seinem Standpunkte verdrängt: so heißt *gut und glückselig leben in der That nichts Anderes als tugendhaft und rechtschaffen leben.*

---

[33] Wie die Epikureer. Vgl.

[34] Nach der Ansicht der Stoiker ist Natur mit Gott gleichbedeutend. S. Zeller Gesch. der Griech. Philos. Th. III. S. 72 ff.

Zweites Paradoxon.

Ὅτι αὐτάρκης η ἀρετὴ πρὸς εὐδαιμονίαν.

Die Tugend genügt sich selbst zur Glückseligkeit.

16. Wahrlich, ich habe nie den Marcus Regulus[35] für mühselig noch für unglücklich oder elend gehalten. Denn nicht wurde seine Seelengröße von den Puniern gemartert, nicht sein gesetzter Charakter, nicht seine Zuverläßigkeit, nicht seine Standhaftigkeit, keine einzige seiner Tugenden, nicht endlich sein Geist, der unter dem Schutze und dem mächtigen Gefolge so vieler Tugenden, obwol sein Körper in Gefangenschaft gerieth, doch sicherlich selbst nicht in Gefangenschaft gerathen konnte. Den Gajus Marius[36] aber haben wir selbst noch gekannt[37]. Bei günstigem Geschicke erschien er mir als einer der vom Glücke begünstigten Menschen, bei widrigem als einer der großen Männer: die größte Glückseligkeit, die einem zu Theil werden kann.

17. Du weißt nicht, Unvernünftiger, du weißt nicht, was für Kräfte die Tugend besitzt; nur den Namen der Tugend führst du im Munde, ihre Macht ist dir unbekannt. Jeder muß nothwendig vollkommen glückselig sein, der ganz von sich selbst abhängt, und der

---

[35] Ueber Marcus Atilius Regulus s. zu .

[36] Gajus Marius, geboren zu Arpinum, einer Stadt Latiums, besiegte 107 v. Chr. als Consul den Jugurtha, König von Numidien, dann die Cimbern und Teutonen (101), und 88–86 führte er den Bürgerkrieg gegen Sulla. Wenn man die letzten Lebensjahre des Marius ausnimmt, so kann man ihn allerdings mit Cicero einen vom Glücke begünstigten Mann nennen; denn obwol von geringer Abkunft, schwang er sich bald zu den höchsten Staatswürden empor und war fast in allen seinen Kriegsunternehmungen glücklich. Auch läßt sich nicht leugnen, daß Marius sich im Unglücke groß zeigte. Wenn man aber an seine Rachsucht und an die vielen und furchtbaren Grausamkeiten, die er in dem mit Sulla geführten Bürgerkriege ausübte, denkt; so muß man sich doch wundern, daß Cicero sich über ihn so ausspricht, als ob er einer der glückseligsten Menschen gewesen wäre.

[37] Cicero hatte als junger Mensch von 22 Jahren in dem Marsischen Kriege unter Marius gedient.

in sich allein alles Seinige setzt[38] . Wem alle Hoffnung, Berechnung und Ueberlegung vom Schicksale abhängig ist, für den kann es nichts Gewisses geben, Nichts, wovon er mit Zuversicht wissen konnte, daß es ihm auch nur einen Tag verbleiben werde.

Triffst du einen solchen Menschen an, den magst du mit deinen Drohungen des Todes oder der Landesverweisung in Schrecken setzen; mir aber wird, was sich auch in einem so undankbaren Staate[39] ereignen mag, so begegnen, daß ich dagegen nicht ankämpfe, ja nicht einmal mich dessen weigere. Denn wozu hätte ich mich abgemüht, oder was hätte ich ausgerichtet, wozu hätte ich in Sorgen und Nachdenken die Nächte durchwacht, wenn anders ich nicht so viel gewonnen, nicht so viel erreicht hätte, daß ich mich in einem Zustande befände, den weder die Laune des Geschickes noch die Ungerechtigkeit meiner Feinde erschüttern kann?

18. Mit dem Tode drohst du mir, damit ich mich ganz von der Menschheit, oder mit Landesverweisung, damit ich von den schlechten Menschen wegziehen müsse? Der Tod ist ja aber nur für die schrecklich, mit deren Leben Alles erlischt, nicht für die, deren Ruhm nicht dahin sterben kann, und die Landesverweisung nur für Solche, welchen ihr Wohnort gleichsam mit Schranken umschlossen ist, nicht für Solche, welche den ganzen Erdkreis nur für Eine Stadt[40] halten. Dich drückt alles Elend, alle Mühseligkeit, der du dich für glücklich, für angesehen hältst. Dich quälen deine Begierden. Du wirst Tag und Nacht gemartert, du, der du nicht genug hast an dem, was du hast, und besorgt bist, auch dieses möge von

---

[38] Vgl. Cicer. Tuscul. V. 12, 36: Cui viro ex se ipso apta sunt omnia, quae ad beate vivendum ferunt nec suspensa aliorum aut bono casu aut contrario pendere ex alterius eventis et errare coguntur, huic optime vivendi ratio comparata est.

[39] Undankbar hatte sich Rom gegen Cicero bewiesen, insofern er kurz nach der Unterdrückung der Catilinarischen Verschwörung durch die Ränke des elenden Clodius in die Verbannung zu gehen genöthigt wurde.

[40] Schon Sokrates hatte erklärt, er sei ein κόσμιος, κοσμοπολίτης (mundanus), ein Weltbürger. Arrian. Epict. I, 9: Τί ἄλλο ἀπολείπεται τοῖς ανθρώποις ἢ τὸ τοῦ Σωκράτους, μηδέποτε πρὸς τὸν πυθόμενον, ποδαπός εστιν, ειπεῖν, ὅτι Ἀθηναῖος ἢ Κορίνθιος, αλλ' ὅτι κόσμιος.Cicer. Tusc. V. 27, 108: Socrates quidem quum rogaretur, cujatem se esse diceret: Mundanum, inquit. Totius enim mundi se incolam et civem arbitrabatur. Diesen Satz nahmen später die Stoiker wieder auf. Vgl. Cicer. Fin. III. 19, 64.

nicht langer Dauer sein. Dich stachelt das Bewußtsein deiner Missethaten; dich entseelt die Furcht vor den Gerichten und den Gesetzen. Wohin du auch blicken magst, stellen sich dir, wie Furien, deine ungerechten Thaten vor die Augen und lassen dich nicht aufathmen.

19. Sowie es also keinem bösen, thörichten und feigherzigen Menschen wahrhaft gut ergehen kann, ebenso kann kein guter, weiser und tapferer Mann unglücklich sein. Und fürwahr, wenn eines Menschen tugendhafter Charakter Lob verdient, so muß auch sein Leben lobenswürdig sein, sowie auch ein Leben, das lobenswürdig ist, nicht vermieden werden darf; nun aber müßte es vermieden werden, wenn es elend wäre. Darum *geziemt es, daß man Alles, was lobenswürdig ist, zugleich auch als glückselig, herrlich und begehrenswerth ansieht.*

Drittes Paradoxon.

Ὅτι ἴσα τὰ ἁμαρτήματα καὶ τὰ κατορθώματα.

Sowie die Sünden, so sind auch die guten Handlungen einander gleich[41].

20. Eine Kleinigkeit ist es, sagst du. – Aber groß die Schuld. Denn die Sünden sind nicht nach ihren Folgen, sondern nach den Lastern der Menschen zu bemessen. Der Gegenstand, worin man sündigt, kann freilich bald wichtiger bald geringer sein; das Sündigen selbst aber, nach welcher Seite du dich auch hinwenden magst, ist immer einerlei.

Mag ein Steuermann ein Schiff mit Gold oder eines mit Spreu scheitern lassen; in der Sache selbst findet ein nicht unbedeutender Unterschied statt, in der Unkunde des Steuermanns aber keiner. Die Wollust hat sich an einem Frauenzimmer von niedrigem Stande versündigt; der Schmerz trifft Wenigere, als wenn sie ihr freches Spiel mit einer edlen und vornehmen Jungfrau getrieben hätte; gesündigt aber hat sie um Nichts weniger, wenn anders sündigen so viel heißt als die Schranken übertreten. Und hast du dieses gethan, so ist die Schuld begangen. Wie weit du alsdann darüber hinausschreitest, sobald du sie einmal übertreten hast, das trägt zur Vermehrung deiner Schuld Nichts bei. Zu sündigen ist sicherlich Niemandem erlaubt. Was aber nicht erlaubt ist, das wird durch den Umstand allein als strafbar anerkannt, wenn bewiesen wird, daß es nicht erlaubt sei. Wenn nun dieses Erlaubtsein niemals weder in größerem noch in kleinerem Grade stattfinden kann, – denn man

---

[41] Schon bei Platon (Legg. XII. p. 941 Steph.) findet sich dieser Lehrsatz, den später die Stoiker aufstellten: Ἐαν τίς τι κλέπτῃ δημόσιον μέγα ἢ καὶ σμικρὸν, τῆς αὐτῆς δίκης δεῖ· σμικρόν τι γὰρ ὁ κλέπτων ερωτι μὲν ταυτῶ, δυνάμει δὲ ἐλάττονι κέκλοφεν. Ueber den Lehrsatz der Stoiker vgl. Diog. Laert. VII, 120: ἀρέσκει τε αυτοῖς ἴσα ἡγεῖσθαι τὰ ἁμαρτήματα, καθά φησι Χρύσιππος εν τῶ τετάρτω τῶν ἠθικῶν ζητηματων καὶ Περσαῖος καὶ Ζήνων. Εἰ γὰρ αληθὲς αληθοῦς μαλλον ουκ ἐστιν ουδὲ ψεῦδος ψευδους, οὕτως ουδὲ, απάτη απάτης, ουδὲ ἁμάρτημα ἁμαρτήματος · καὶ γὰρ ο εκατὸν σταδίους απέχων Κανώβου καὶ ο ἕνα επίσης ουκ εἰσιν εν Κανώβω, οὕτω καὶ ο πλεῖον καὶ ο ἐλαττον αμαρτάνων επίσης οὐκ εισιν εν τῶ κατορθοῦν. Die Widerlegung dieses Stoischen Lehrsatzes s. bei Cicer. Fin. IV. 27.

sündigt insofern, als Etwas nicht erlaubt ist, und dieses ist immer eines und dasselbe; – so müssen auch die Sünden, die hieraus entspringen, natürlich einander gleich sein.

21. Wenn nun die Tugenden einander gleich sind, so müssen es auch nothwendig die Laster sein. Nun aber läßt es sich sehr leicht begreifen, daß die Tugenden einander gleich sind, und daß Niemand besser als der gute, mäßiger als der mäßige, tapferer als der tapfere, weiser als der weise Mann werden kann. Oder würdest du wol denjenigen einen guten Mann nennen, der eine ohne Zeugen bei ihm niedergelegte Summe, obwol er zehn Pfund Goldes ungestraft gewinnen könnte, wiedergibt, wenn ebenderselbe bei zehntausend Pfund nicht ein Gleiches thäte? oder einen mäßigen, der sich in der einen Leidenschaft zu bezähmen weiß, in der anderen hingegen sich ganz gehen läßt?

22. Es gibt nur Eine Tugend, und diese ist der mit der Vernunft übereinstimmende und stäts gleichbleibende Seelenzustand. Dieser kann man Nichts zuthun, wodurch sie in höherem Grade Tugend würde, Nichts wegnehmen, wenn ihr der Name Tugend verbleiben soll. Denn wenn gute Handlungen gerade Handlungen sind[42], und Nichts gerader als gerade ist; so läßt sich sicherlich auch Nichts auffinden, was besser als gut wäre. Hieraus folgt also, daß auch die Laster einander gleich sind, wenn anders die verkehrten Richtungen der Seele mit Recht Laster genannt werden.

Weil nun aber die Tugenden unter einander gleich sind, so müssen auch die geraden Handlungen, weil sie von den Tugenden ausgehen, einander gleich sein, und ebenso ist es nothwendig, daß die Sünden, weil sie die Laster zur Quelle haben, einander gleich sind.

23. »Von den Philosophen, sagst du, entlehnst du diese Sätze«. – Ich befürchtete, du mochtest sagen: von den Kupplern[43]. – »Sokra-

---

[42] Der Ausdruck »gerade Handlungen (recte facta)« ist von der geraden Linie hergenommen. Die Stoiker vermischen hier, wie Wyttenbach richtig bemerkt, das geometrische Gerade mit dem moralischen. Alle geraden Linien sind auf gleiche Weise gerade; aber darum sind nicht alle krummen auf gleiche Weise krumm.

[43] Ich befürchte, sagt Cicero, du möchtest sagen, ich hätte diese Sätze von Kupplern entlehnt, d. h. du möchtest die Philosophen Kuppler nennen, da Sokrates (s. Xenoph. Symp. c. 3, 10 u. 58. Comment. III, c. 11) sich die Kunst des

tes pflegte so zu reden«[44] . – Vortrefflich. Denn er war, wie wir aus der Geschichte wissen, ein gelehrter und weiser Mann.

Gleichwol frage ich dich – unser Streit ist ja nur ein Wortstreit, kein Faustkampf –: Müssen wir wol nach dem fragen, was Lastträger und Handlanger, oder nach dem, was die gelehrtesten Männer geurtheilt haben? zumal da sich nicht nur kein wahrerer, sondern auch kein für das menschliche Leben nützlicherer Lehrsatz finden läßt.

Denn was für eine Macht dürfte wol mehr die Menschen von jeder Schlechtigkeit abhalten als die Ueberzeugung, daß zwischen den Vergehungen kein Unterschied stattfinde, daß sie sich ebenso schwer versündigen, wenn sie Hand an Privatleute legen, als wenn sie sich an obrigkeitlichen Personen vergreifen, daß ihrer Wollust ein gleiche Schandfleck anklebe, welche Familie sie auch durch Unzucht befleckt haben mögen.

24. »Ist es also kein Unterschied,« – dieß möchte mir Jemand einwenden, – »ob Einer seinen Vater ermorde oder seinen Sklaven?« – Stellt man diese Frage so nackt hin, so dürfte ich über die Beschaffenheit derselben leicht urtheilen können. Wenn dem Vater das Leben zu rauben an und für sich eine Frevelthat ist, so waren die Saguntiner[45] , die ihre Väter lieber als Freie sterben als in der Knechtschaft leben sehen wollten, Vatermörder. Also kann man zuweilen dem Vater das Leben nehmen, ohne eine Frevelthat zu begehen, und hinwiederum oft einem Sklaven nicht, ohne ein Unrecht zu thun.

Die Umstände machen daher hier den Unterschied und nicht das Wesen der Sache. Weil nun von zwei Fällen derjenige, zu welchem diese Umstände hinzutreten, den Ausschlag erhält; so müssen, so-

---

Kuppelns, d. h. das Wohlwollen der Menschen für sich und Andere zu gewinnen, beigelegt hat.

[44] Von Sokrates wird zwar nirgends ausgesagt, daß er behauptet habe, die schlechten wie die guten Handlungen seien einander gleich; aber aus der oben () angeführten Stelle des Platon läßt sich wenigstens schließen, daß Sokrates seinen Schülern diese Ansicht vorgetragen habe.

[45] Die Saguntiner, die Bewohner der mit den Römern verbündeten Stadt Sagunt in Spanien, verbrannten sich mit Weibern und Kindern, um nicht in die Hände Hannibal's, der sie belagerte, zu fallen. S. Polyb. 3, 17. Livius 21, 14.

bald diese zu beiden hinzukommen, auch beide Fälle nothwendig einander gleich sein.

25. Jedoch findet in dem angeführten Falle der Unterschied statt, daß bei Tödtung eines Sklaven, wenn dieß mit Unrecht geschieht, nur einfach gesündigt, bei Verletzung des Lebens eines Vaters hingegen vielfach gesündigt wird. Verletzt wird der, welcher Erzeuger, der, welcher Ernährer, der, welcher Erzieher, der, welcher Haus und Hof und eine Stellung im Staate gab. In Ansehung der Menge der Sünden ist der Letztere der Schuldigere und verdient deßhalb eine härtere Strafe.

Aber wir sollen im Leben nicht darauf sehen, welche Strafe für jede Vergehung bestimmt, sondern wie viel jedem Menschen erlaubt sei. Alles, was nicht pflichtmäßig ist, müssen wir als einen Frevel; Alles, was nicht erlaubt ist, als ein Unrecht ansehen.

»Auch bei Kleinigkeiten?« – Ja, insofern wir das Maß der Dinge nicht vorausbestimmen[46] können, wohl aber das Maß der Seelen in unserer Gewalt haben[47]. 26. Ein Schauspieler, der sich nur ein Wenig wider den Takt bewegt oder einen Vers nur um eine einzige Silbe zu lang oder zu kurz ausspricht, wird ausgezischt und ausgeklatscht; und im Leben, das geordneter als jede körperliche Bewegung, abgemessener als jeder Vers sein sollte, willst du sagen, nur in einer Silbe habest du gefehlt? Einen Dichter mag ich nicht anhören, wenn er in kurzweiligen Dingen die Versfüße[48], und im gesel-

---

[46] Mit Unrecht hat Halm die Muthmaßung Lambin'sfigere für das handschriftliche fingere in den Text aufgenommen; modum figere ist poetisch, wie Horat. Carm. III. 15, 2, aber nicht prosaisch; modum fingere heißt das Maß im Geiste bestimmen, vorausbestimmen.

[47] Der Sinn der Stelle ist: Es liegt nicht in unserer Gewalt vorauszubestimmen, wie weit sich die Wirkungen einer Handlung erstrecken werden; denn aus den kleinsten Vergehen können die größten und verderblichsten Wirkungen hervorgehen; wohl aber steht es in unserer Gewalt über unsere Seelen zu gebieten und sie nach unserem Willen zu lenken und zu leiten.

[48] Im Texte steht zwar nur: Poetam non audio in nugis; aber offenbar muß man aus dem Folgenden ergänzen dimetientem und aus peccata sua das Objekt pedes versuum herausnehmen. Sowie ich Nichts wissen mag von einem Dichter, der erst die einzelnen Verssüße an den Fingern abzählen muß, um einen richtigen Vers zu bilden; ebenso mag ich Nichts von einem Menschen wissen, der sich

ligen Leben soll ich einen Bürger anhören, der seine Vergehungen
an den Fingern abzählt?

Mögen sie von geringerer Ausdehnung erscheinen, wie können
sie darum geringfügiger erscheinen? da in jeder Sünde durch Störung der Vernunft und Ordnung gesündigt wird, sobald aber einmal Vernunft und Ordnung gestört worden sind, Nichts hinzutreten kann, wodurch man in höherem Grade zu sündigen scheinen
könnte.

---

damit entschuldigen will, daß er seine Vergehungen an den Fingern abzählt, der
zwar zugibt, daß er gesündigt habe, aber nur in kleinen Dingen.

Viertes Paradoxon.

Ὅτι πᾶς ἄφρων μαίνεται.

Jeder Thor ist sinnlos[49].

27. Ich glaube fürwahr, daß du nicht thöricht, wie oft, nicht schlecht, wie immer, sondern verstandlos und unsinnig bist * * *

* * * er kann in Beziehung auf Lebensbedürfnisse unbesiegbar sein * * *

Des Weisen Geist, der mit der Größe seiner Einsicht, mit Ertragung der menschlichen Ereignisse, mit Verachtung des Schicksals, kurz mit allen Tugenden wie mit Mauern umringt ist, sollte besiegt und erstürmt werden, er, der nicht einmal aus dem Staate verwiesen werden kann? Denn was ist ein Staat? Etwa jede Zusammenkunft auch von wilden und ungeschlachten Menschen? etwa jede an einem Orte zusammengescharte Menge auch von Flüchtlingen und Räubern? Sicherlich wirst du »Nein« sagen.

Nicht gab es daher damals[50] einen Staat, als die Gesetze[51] in demselben keine Geltung hatten, als die Gerichte darniederlagen[52] ,

---

[49] Nach der Ansicht der Stoiker zerfallen die Menschen in zwei Klassen: die Weisen und die Unweisen oder Thoren; der Weise ist frei von aller Thorheit, der Unweise entbehrt aller Weisheit. Der Unweise ist sinnlos (verrückt), weil er über sich selbst und das, was ihn zunächst angeht, kein Bewußtsein hat. S. Zeller Griech. Philos. Th. III. S. 142 ff. und Cicer. Tusc. III. 4, 9. Uebrigens sind uns von Cicero's Abhandlung über das vierte Paradoxon nur die ersten Zeilen, und zwar höchst lückenhaft, erhalten. Von den Worten an:»Des Weisen Geist« bis zu Ende wird, wie Caspar. Scioppius in Element. philos. Stoicae moralis p. 77. bemerkt, ein anderes Paradoxon abgehandelt, nämlich: nur der Weise ist ein Bürger, alle Unweisen hingegen Verwiesene.

[50] Cicero meint die Zeit, wo Clodius, sein erbittertster Feind, es durchsetzte, daß er aus Rom verwiesen wurde. Publius Clodius Pulcher war einer der vornehmsten und ruchlosesten Volksaufwiegler und der sittenlosesten Menschen. In der Kleidung einer Zitherspielerin wußte er sich in das Haus der Pompeja, Cäsar's Gemahlin, mit der er ein geheimes Liebesverständniß unterhielt, als daselbst das Fest der Guten Göttin (s. die Anm. 28), zu dem allen Männern der Zugang verboten war, einzuschleichen, wurde aber erkannt und vor Gericht angeklagt. Da er behauptete, er habe sich an diesem Tage gar nicht in Rom aufgehalten, zeugte Cicero gegen ihn, daß er ihn an diesem Tage in Rom

37

als die vaterländische Sitte untergegangen war, als nach Vertreibung der Obrigkeiten durch das Schwert der Senat nur dem Namen nach in der Staatsverfassung, nicht aber in Wirklichkeit bestand[53] . Jene Zusammenfluß von Räubern und das unter deren Leitung auf dem Forum errichtete Räuberwesen und die Ueberbleibsel der Verschwörungsbande, die sich von Catilina's Furien deiner Frevelthat un deiner Raserei zugewendet hatte: das war der Staat.

28. So wurde ich denn nicht *vertrieben* aus dem Staate, der keiner war; *herbeigerufen* aber wurde ich in den Staat, als es in der Staatsverfassung wieder einen Consul[54] gab, den es damals nicht[55] gegeben hatte, als es einen Senat gab, der damals untergegangen[56] war,

---

gesehen habe. Nichtsdestoweniger wurde er freigesprochen. Von diesem Augenblicke an faßte er den unversöhnlichsten Haß gegen Cicero, und klagte im J. 58 v. Chr. als Volkstribun ihn an, daß er zur Zeit der Catilinarischen Verschwörung Römische Bürger, die vom Volk nicht verurtheilt worden seien, habe hinrichten lassen. Obwol der Senat sich der Sache Cicero's auf das Angelegentlichste annahm, so mußte dieser doch in die Verbannung gehen. Hiermit noch nicht zufrieden, verwüstete er Cicero's Landgüter und riß dessen Haus in Rom nieder. S. Cicer. pro Sestio 24. Aber schon im folgenden Jahre wurde Cicero aus der Verbannung zurückgerufen, und wie im Triumphe zog er durch Italien nach Rom, wo ihm die ehrenvollste Aufnahme bereitet war. S. Cicer. pro Sestio 63.

[51] Er meint die lex Aelia et Fufia. S. Orelli Index legum p. 126–131.

[52] Vgl. Cicer. in Pison. 4, 9. 12, 26. or. post red. ad Quic. 6, 14.

[53] Nach der scharfsinnigen Muthmaßung von Borgers:senatus nomine in re publica, non re erat statt der handschriftlichen Lesart: senatus nomen in re publica non erat, die auch Halm für verderbt hält.

[54] Im J. 57 v. Chr. unter dem Consulate des Publius Cornelius Lentulus Spinther und des Quintus Cäcilius Metellus Nepos wurde Cicero aus der Verbannung zurückgerufen. Cicero bedient sich hier des Singulars Consul, weil besonders Lentulus seine Zurückberufung betrieb. S. Cicer. pro Sestio c. 33, 72.

[55] Cicero wurde unter dem Consulate des Lucius Calpurnius Piso und Aulus Gabinius aus Rom verwiesen; er erkennt sie aber nicht als Consuln an, da sie nicht für die Wohlfahrt des Staates Sorge trugen (consulebant), sondern vielmehr in Gemeinschaft mit dem elenden Clodius die ganze Staatsverfassung vernichteten. S. Cicer. in Pison. 10, 22 sq.

[56] Es gab zwar einen Senat, aber bloß dem Namen nach; denn er hatte keine Geltung, und obwol er sich der Sache Cicero's annahm, konnte er doch seine Verweisung nicht verhindern.

als eine freie Uebereinstimmung des Volkes herrschte[57] , als Recht und Billigkeit, welche die Bande des Staates bilden, in das Andenken zurückgerufen worden waren.

Und siehe, wie sehr ich die Geschosse deiner Räuberbande verachtet habe. Daß du Pfeile ruchloser Ungerechtigkeit gegen mich geschleudert und abgeschossen hast, der Ansicht bin ich zu jeder Zeit gewesen; daß sie mich aber getroffen haben, das habe ich nie geglaubt; du müßtest dir denn etwa einbilden, damals, als du Wände zertrümmertest, oder als du in Häuser verruchte Feuerbrände hineintrugst[58] .[EndFootnote] , sei Etwas des Meinigen[59] eingestürzt oder in Flammen aufgegangen.

29. Nicht ist weder mein noch irgend Jemandes Eigenthum, was weggenommen, was entrissen, was verloren werden kann. Wenn du mir die göttliche[60] Standhaftigkeit meines Geistes entrissen hät-

---

[57] Indem das Volk frei und einstimmig meine Zurückberufung verlangte.

[58] S. die Cicero meint die Zeit, wo Clodius, sein erbittertster Feind, es durchsetzte, daß er aus Rom verwiesen wurde. Publius Clodius Pulcher war einer der vornehmsten und ruchlosesten Volksaufwiegler und der sittenlosesten Menschen. In der Kleidung einer Zitherspielerin wußte er sich in das Haus der Pompeja, Cäsar's Gemahlin, mit der er ein geheimes Liebesverständniß unterhielt, als daselbst das Fest der Guten Göttin (s. die Anm. 28), zu dem allen Männern der Zugang verboten war, einzuschleichen, wurde aber erkannt und vor Gericht angeklagt. Da er behauptete, er habe sich an diesem Tage gar nicht in Rom aufgehalten, zeugte Cicero gegen ihn, daß er ihn an diesem Tage in Rom gesehen habe. Nichtsdestoweniger wurde er freigesprochen. Von diesem Augenblicke an faßte er den unversöhnlichsten Haß gegen Cicero, und klagte im J. 58 v. Chr. als Volkstribun ihn an, daß er zur Zeit der Catilinarischen Verschwörung Römische Bürger, die vom Volk nicht verurtheilt worden seien, habe hinrichten lassen. Obwol der Senat sich der Sache Cicero's auf das Angelegentlichste annahm, so mußte dieser doch in die Verbannung gehen. Hiermit noch nicht zufrieden, verwüstete er Cicero's Landgüter und riß dessen Haus in Rom nieder. S. Cicer. pro Sestio 24. Aber schon im folgenden Jahre wurde Cicero aus der Verbannung zurückgerufen, und wie im Triumphe zog er durch Italien nach Rom, wo ihm die ehrenvollste Aufnahme bereitet war. S. Cicer. pro Sestio 63.

[59] D. h. Etwas von dem, was mir in Wirklichkeit angehört, was mein Inneres, mein eigenes Wesen betrifft.

[60] Soll nicht heißen: meine unvergleichliche oder bewunderungswürdige Standhaftigkeit, sondern göttlich werden alle Tugenden genannt, insofern sie als ein Ausfluß des göttlichen Wesens angesehen werden.

test, als[61] durch meine Sorgen, Nachtwachen, Rathschläge das Gemeinwesen zu deinem großen Mißvergnügen feststand; wenn du unsterbliche Andenken an diese unvergängliche Wohlthat[62] vertilgt hättest; ja noch weit mehr, wenn du mir jenen Geist, aus dem diese Rathschläge geflossen sind, entrissen hättest: dann würde ich eingestehen eine Kränkung von dir erlitten zu haben. Aber wenn du dieses weder thatest noch thun konntest, so hat mir deine Kränkung eine ruhmvolle Rückkehr bereitet, nicht einen unheilvollen Weggang.

Also war ich immer Bürger, und damals am Meisten, als der Senat meine Wohlfahrt als die des besten Bürgers auswärtigen Nationen anempfahl[63] ; du bist es nicht einmal jetzt; es müßte denn etwa Eine Person zugleich Staatsfeind und Staatsbürger sein können. Unterscheidest du etwa den Bürger vom Feinde nach Abstammung und Wohnort und nicht nach Gesinnung und Thaten?

30. Mord hast du auf dem Forum begangen[64] , mit bewaffneten Räubern Tempel besetzt gehalten, Privathäuser und heilige Gebäude in Brand gesteckt[65] . Warum war Spartacus[66] ein Staatsfeind, wenn du ein Staatsbürger bist? Kannst du aber ein Bürger sein, durch dessen Schuld es einmal keinen Staat gab? Und mich be-

---

[61] Nach Halm's Muthmaßung: quum meis curis.. staret statt meas curas.. staret. Vgl. die Varianten bei Moser S. 184.

[62] Das Andenken an die Unterdrückung der Catilinarischen Verschwörung.

[63] S. Cicer. pro Sestio 22, 50. 60, 128.

[64] Als am 25. Januar des J. 58 v. Chr. der im Senate einstimmig gebilligte Gesetzvorschlag wegen Cicero's Zurückberufung an die Volksversammlung gebracht werden sollte, richtete Clodius in Verbindung mit einer Schar gedungener Gladiatoren auf dem Forum ein großes Blutbad an, um die Durchführung jenes Gesetzesvorschlages zu verhindern. Vgl. Cicer. pro Sestio 35, 75.

[65] S. Cicer. pro Sestio c. 39, 85.

[66] Spartacus, von Geburt ein Thracier, ein Gladiator, war mit fast achtzig Gladiatoren aus der Gladiatorenschule zu Kapua in Kampanien entsprungen (73 v. Chr.). Indem er überall, wo er hinkam, Sklaven und Gladiatoren in Freiheit setzte, stand er bald an der Spitze eines furchtbaren Heeres. Die Römischen Heere, die ihm entgegengeschickt wurden, schlug er, bis Licinius Crassus den Oberbefehl erhielt (71 v. Chr.), der den Spartacus am Silanus in Lucanien gänzlich besiegte. Spartacus fiel in der Schlacht.

nennst du mit deinem Namen[67], da doch Alle der Ansicht sind, daß mit meinem Weggange das Gemeinwesen verwiesen war? Willst du niemals, unsinnigster Mensch, um dich schauen, niemals überlegen, weder was du thust, noch was du redest? Weißt du nicht, daß Landesverweisung die Strafe für Frevelthaten ist? Daß jene meine Reise[68] hingegen wegen der herrlichsten Thaten[69], die ich ausführte, von mir unternommen wurde?

31. Alle Frevler und Bösewichter, für deren Anführer du dich offen bekennst, die die Gesetze mit Verweisung bestraft wissen wollen, sind Verwiesene, wenn sie auch den Boden nicht gewechselt haben. Und du solltest kein Verwiesener sein, da doch alle Gesetze dich verweisen? Sollte der nicht ein Verwiesener heißen, der sich mit Mordgewehr bewaffnet hat[70]? Von dem Senate wurde dein Dolch[71]. Nicht der, welcher einen Menschen getödtet hat? Du hast schon sehr Viele getödtet. Nicht der, welcher Brand angestiftet hat? Der Tempel der Nymphen ist durch deine Hand in Flammen aufge-

---

[67] D. h. mit einem Namen, der dir zukommt, nicht mir; denn du verdientest die Strafe der Landesverweisung für deine Frevelthaten gegen den Staat, nicht ich, der ich die größten Verdienste um den Staat habe.

[68] Cicero nennt seine Verweisung eine Reise (kurz vorher Weggang), die er von freien Stücken unternommen habe. Nachdem sich nämlich Cicero nicht allein von den Consuln, sondern auch von Pompejus im Stiche gelassen sah, wollte er lieber Rom verlassen als das Leben vieler edler Patrioten den bewaffneten Scharen des Clodius preisgeben und entfernte sich daher aus der Stadt, bevor der Urtheilsspruch über seine Verbannung gefällt war.

[69] Nämlich wegen der Entdeckung und Unterdrückung der Catilinarischen Verschwörung. Clodius hatte auf Cicero's Verweisung angetragen, weil dieser Theilnehmer der Verschwörung, die Römische Bürger waren, unverurtheilt habe hinrichten lassen.

[70] Nach der lex Cornelia de sicariis wurde derjenige, der sich mit einem Mordgewehre bewaffnet hatte, um einen Anderen zu tödten, für einen Meuchelmörder gehalten, obgleich er die Mordthat noch nicht vollbracht hatte. S. Orelli Index Leg. p. 162.

[71] In dem Tempel des Castor wurde nämlich ein Sklave des Clodius ergriffen, den dieser dahin geschickt hatte, um den Pompejus zu ermorden, weil derselbe früher auf seiner Seite gestanden, jetzt aber für die Zurückberufung Cicero's gestimmt hatte. S. Cicer. pro Milone 7, 18. in Pison. 12, 28. pro Sestio 32, 69.

gangen[72] . Nicht der, welcher die geweihten Plätze besetzt gehalten hat? Auf dem Forum[73] hast du ein Lager aufgeschlagen.

32. Doch wozu führe ich allgemeine Gesetze an, die dich alle für einen Verwiesenen erklären? Dein vertrautester Freund[74] hat in Beziehung auf dich die besondere Verordnung[75] in Vorschlag gebracht, daß, wenn du in das verbotene Heiligthum der Guten Göttin[76] . [EndFootnote] eingedrungen seiest, du verwiesen werden sollest. Aber du pflegst dich sogar dieser That zu rühmen. Wie ist es nun möglich, daß du, durch so viele Gesetze aus dem Lande verwiesen, vor dem Namen eines Landesverwiesenen nicht erzitterst? –»In Rom bin ich,« sagst du. – Ja wol, und du bist sogar in einem verbotenen Heiligthume gewesen. Nicht also wird Einer an dem

---

[72] S. Cicer. pro Milone 27, 73. In dem Tempel der Nymphen befand sich das Archiv (tabularium).

[73] Das Forum war einer der geweihten Plätze (templa) Rom's.

[74] Der Consul Marcus Piso. S. Cicer. ad Attic. 13, 1.

[75] Privilegium, d. h. ein Gesetzvorschlag, der sich nur auf eine einzelne Person bezog, sowol in gutem als in bösem Sinne.

[76] Das Fest der Guten Göttin wurde am 1. Mai des Nachts in dem Hause eines der Consuln oder Prätoren gefeiert. Ueber die hier erwähnte Sache s. die Cicero meint die Zeit, wo Clodius, sein erbittertster Feind, es durchsetzte, daß er aus Rom verwiesen wurde. Publius Clodius Pulcher war einer der vornehmsten und ruchlosesten Volksaufwiegler und der sittenlosesten Menschen. In der Kleidung einer Zitherspielerin wußte er sich in das Haus der Pompeja, Cäsar's Gemahlin, mit der er ein geheimes Liebesverständniß unterhielt, als daselbst das Fest der Guten Göttin (s. die Anm. 28), zu dem allen Männern der Zugang verboten war, einzuschleichen, wurde aber erkannt und vor Gericht angeklagt. Da er behauptete, er habe sich an diesem Tage gar nicht in Rom aufgehalten, zeugte Cicero gegen ihn, daß er ihn an diesem Tage in Rom gesehen habe. Nichtsdestoweniger wurde er freigesprochen. Von diesem Augenblicke an faßte er den unversöhnlichsten Haß gegen Cicero, und klagte im J. 58 v. Chr. als Volkstribun ihn an, daß er zur Zeit der Catilinarischen Verschwörung Römische Bürger, die vom Volk nicht verurtheilt worden seien, habe hinrichten lassen. Obwol der Senat sich der Sache Cicero's auf das Angelegentlichste annahm, so mußte dieser doch in die Verbannung gehen. Hiermit noch nicht zufrieden, verwüstete er Cicero's Landgüter und riß dessen Haus in Rom nieder. S. Cicer. pro Sestio 24. Aber schon im folgenden Jahre wurde Cicero aus der Verbannung zurückgerufen, und wie im Triumphe zog er durch Italien nach Rom, wo ihm die ehrenvollste Aufnahme bereitet war. S. Cicer. pro Sestio 63.

Orte, wo er sich aufhält, ein Anrecht haben, wenn er sich daselbst nicht nach den Gesetzen aufhalten darf.

Fünftes Paradoxon.

Ὅτι μόνος ὁ σοφὸς ἐλεύθερος, καὶ πᾶς ἄφρων δοῦλος[77] .

Der Weise allein ist frei, und jeder Thor ist ein Sklave.

33. Mag fürwahr dieser als Befehlshaber gepriesen oder auch so genannt oder dieses Namens würdig erachtet werden. Wie oder welchem freien Manne wird denn der befehlen, der seinen eigenen Begierden nicht befehlen kann? Er zügele zuerst seine Begierden, verachte die sinnlichen Vergnügungen, bezähme seinen Zorn, halte seine Habsucht in Schranken, entferne die übrigen Flecken seiner Seele. Dann fange er an Anderen zu befehlen, wenn er selbst den schlechtesten Herrinnen, der Schande und der Schmach, zu gehorchen aufgehört hat. So lange er wenigstens diesen sein Ohr leiht, kann man ihn nicht für einen Befehlshaber, ja nicht einmal für einen freien Mann halten.

Es ist nämlich ein vortrefflicher Lehrsatz, der von den gelehrtesten Männern aufgestellt ist, – ich würde mich nicht auf ihr Zeugniß berufen, wenn ich diesen Vortrag vor einigen Ungebildeten zu halten hätte; da ich aber vor den einsichtsvollsten Männern rede, denen solche Behauptungen nicht unbekannt sind, warum sollte ich mir den Schein geben, als ob ich die Mühe, die ich auf diese Studien verwendet habe, für verloren achtete? – Es ist also von Männern der gründlichsten Bildung[78] der Satz aufgestellt, *außer dem Weisen sei Niemand ein Freier.*

34. Denn was ist *Freiheit?* Die Macht so zu leben, wie man *will*[79] . Wer lebt nun so, wie er *will*, außer demjenigen, welcher zu jeder

---

[77] Diog. Laert. 7, 121: μόνον τε ἐλεύθερον (εἶναι τὸν σοφόν), τοὺς δὲ φαύλους δούλους· εἶναι γὰρ τὴν ἐλευθερίαν ἐξουσίαν αὐτοπραγίας, τὴν δὲ δουλείαν στέρησιν αὐτοπραγίας.

[78] Außer den Stoikern stellten diesen Satz auch die Sokratiker, die Akademiker und Platoniker auf. Vgl. Xenoph. Comment. IV, 5, 3–12. Auch der Kirchenvater Augustin. de Civit. Dei IV, 3. spricht den Satz ganz wie die Stoiker aus: Bonus, etiamsi serviat, liber est, malus autem, etiamsi regnet, servus est, nec unius hominis, sed, quod est gravius, tot dominorum, quot vitiorum.

[79] Was unter dem Wollen zu verstehen sei, wird in den folgenden Worten erklärt. Vgl. Cicer. Tusc. IV. 6, 12: Eam (voluntatem) illi (Stoici) putant in solo

45

Zeit dem Sittlichrechten folgt[80] ? welcher seine Pflichten freudig erfüllt, welcher sich einen wohl überlegten und bedachten Lebenswandel gesetzt hat, welcher den Gesetzen zwar nicht aus Furcht gehorcht, aber sie befolgt und ehrt, weil er dieß für das Heilsamste erkennt, welcher Nichts sagt, Nichts thut, Nichts endlich denkt als gern und frei, dessen sämmtliche Entschließungen und sämmtliche Handlungen aus ihm selbst hervorgehen und auf ihn selbst wieder zurückgehen[81], und bei welchem Nichts mehr gilt, als sein eigener Wille und sein eigenes Urtheil, welchem sogar die Schicksalsgöttin, der man doch die größte Gewalt zuertheilt, weichen muß? sowie ein weiser Dichter[82] gesagt hat: *Jedem gestaltet sich sein Schicksal nach seinem eigenen Charakter.*

Dem Weisen allein wird also das zu Theil, daß er Nichts gegen seinen Willen thut, Nichts mit Betrübniß, Nichts aus Zwang. Wenn nun auch der Beweis für diese Behauptung mit mehreren Worten zu erörtern ist, so ist es doch ein kurzer[83] und einzuräumender

---

esse sapiente, quam sic definiunt: voluntas est, quae quid cum ratione desiderat. Quae autem ratione adversa incitata est vehementius, ea libido est vel cupiditas effrenata, quae in omnibus stultis invenitur.

[80] Halm muthmaßt: nisi qui recta sua sponte sequitur; aber der Zusatz sua sponte ist überflüssig.

[81] Ich lese mit Orelli referuntur, das sehr viele, wenn auch nicht die besten Handschriften haben; Halm mit den besseren Handschriften feruntur. Die Silbe re konnte leicht wegen der vorhergehenden Silbe que übersehen werden. Zu proficisci bildet referri, nicht aber ferri den rechten Gegensatz. Borgers vergleicht: Cicer. Phil. 9, 5: ea, quae proficiscebantur a legibus,.. ad acquitatem referebat. Fin. 2. 18: proficiscantur a natura,.. ad utilitatem referantur. 3. 18: ab his omnia proficiscantur,.. ad ea referri omnes nostras cogitationes.

[82] Einige Herausgeber meinen, Appius Claudius Cäcus (s. zu) sei gemeint, dessen Gedicht auch Tusc. IV. 2, 4. erwähnt wird (s. Orelli Onomast. p. 150) und bei Sallustius in der Rede ad Caesarem de re publica ordinata, wo es heißt: Res docuit id verum esse, quod in carminibus Appius ait: fabrum esse quemque fortunae. Andere beziehen die Worte auf Plautus Trinum. II. 2, 84: non sapiens quidem pol ipse fingit fortunam sibi.

[83] Die Stoiker liebten dergleichen kurze Schlußsätze, die sie consectaria nannten. Vgl. mit unserer Stelle: Cicer. Fin. III. 7, 26: Potest id quidem (quod honestum sit, id solum bonum esse) fuse et copiose et omnibus electissimis verbis gravissimisque sententiis et augeri et ornari; sed consectaria me Stoicorum brevia et acuta delectant.

Satz, daß, wer sich nicht in einer solchen Gemüthsstimmung befinde, auch nicht frei sein könne. Sklaven sind also alle Schlechten.

35. Und diese Behauptung ist weniger der Sache als den Worten nach befremdend und seltsam. Denn nicht in dem Sinne sagt man, solche Menschen seien Sklaven wie die Leibeigenen[84] , die durch Schuldhörigkeit oder auf eine andere Weise nach dem bürgerlichen Rechte Eigenthum ihrer Herren geworden sind, sondern wenn Sklaverei, wie sie es denn auch wirklich ist, darin besteht, daß man einem kraftlosen und kleinmüthigen Geiste, der keinen freien Willen hat, Gehör gibt: wer sollte da noch leugnen, daß alle Leichtfertigen, alle Leidenschaftlichen, kurz alle Schlechten Sklaven seien?

36. Oder soll mir der etwa für frei gelten, welchen ein Weib beherrscht? welchem sie Gesetze auferlegt, vorschreibt, gebietet, verbietet, was ihr gut dünkt? welcher der Befehlenden Nichts abzuschlagen, Nichts zu verweigern wagt? Sie fordert; man muß gewähren. Sie ruft; man muß kommen. Sie stößt fort; man muß gehen. Sie droht; man muß zittern. Ich fürwahr bin der Ansicht, ein solcher Mensch sei nicht ein Sklave, sondern der nichtswürdigste Sklave zu nennen, auch wenn er aus der angesehensten Familie abstamme.

Und[85] in gleicher Thorheit befinden sich die, welche an Bildsäulen, an Gemälden, an fein gearbeitetem Silbergeschirr, an Korinthischen Kunstwerken, an prachtvollen Gebäuden ein überaus großes

---

[84] mancipia. Die Sklaven wurden bei den Römern nicht als Personen, sondern als Sachen, als Eigenthum ihrer Herren, betrachtet, die unumschränkte Gewalt über sie hatten. In den Sklavenstand kam man entweder durch die Geburt oder durch Gefangenschaft im Kriege oder durch Kauf oder durch Schuldhörigkeit (nexum) (wenn man unvermögend war seine Schulden zu bezahlen, so fiel man als Schuldknecht dem Gläubiger anheim), oder durch Bestrafung. S. Adam Röm. Alterth. Th. I. S. 65 ff.

[85] Diese ganze Stelle wird in den Handschriften etwa so gelesen: Atque ut in magna familia stultorum sunt alii lautiores ut sibi videntur servi sed tamen servi atrienses acuparii stultitiae suae quos signa – – – delectant et sumus inquit principes civitatis vos vero ne conservorum quidem vestrorum principes estis, sed ut in familia qui tractant ista etc. Diese nicht allein in einzelnen Worten, sondern durch Umstellung ganzer Sätze verderbte Stelle hat Madvig, dem auch Halm beipflichtet, sehr scharfsinnig also wieder hergestellt: Atque in pari stultitia sunt, quos signa – – – delectant. At sumus, inquit, p. c. Vos vero – – – estis. Sed ut in magna familia sunt alii lautiores, ut sibi videntur, servi, sed tamen servi, ut atrienses, at qui tractant ista etc.

Wohlgefallen finden. –»Aber wir sind ja,« sagen sie,»die Ersten im Staate.« – Ihr seid fürwahr nicht einmal die Ersten unter eueren Mitsklaven. 37. Aber sowie es in einem großen Hauswesen einige feinere Sklaven gibt, wie sie sich dünken, aber doch immer Sklaven sind, wie zum Beispiel die Aufseher des Atriums; diejenigen hingegen, welche dergleichen Geschäfte haben, wie putzen, salben, fegen, sprengen, nicht die ehrenvollste Stelle der Sklaverei behaupten: so nehmen auch im Staate *die* Männer, die sich der Begierde nach solchen Dingen ergeben, beinahe die unterste Stelle der eigentlichen[86] Sklaverei ein.

»Große Kriege,« sagt Einer,»habe ich geführt; großen Befehlshaberstellen habe ich vorgestanden.« – Nun, so habe auch eine Gesinnung, die des Lobes würdig ist.

Ein Gemälde des Aëtion[87] oder eine Bildsäule des Polykletus[88] fesselt dich und versetzt dich in Staunen. Ich will nicht fragen, woher du sie geraubt hast, wie du sie besitzest. Wenn ich sehe, wie du sie anschauest, sie bewunderst, in Ausrufungen ausbrichst; so urtheile ich, daß du ein Sklave aller Albernheiten bist. 38. »Nun, sind denn das nicht artige Dinge?« – Ja wol; denn auch wir haben ein Kennerauge; aber ich bitte dich, diese Dinge mögen für anmuthig gelten, aber doch nur so, daß sie nicht zu Fesseln von Männern werden, sondern zur Ergötzung junger Leute dienen. Denn was meinst du? Wenn Lucius Mummius[89] Einen dieser Leute sähe, wie

---

[86] ipsius servitutis. Ipsa servitus ist die Sklaverei im eigentlichsten Sinne, d. h. die Sklaverei in philosophischem Sinne.

[87] Aëtionis, so Halm nach den besten Handschriften, st. der anderen Lesart Echionis, die sich gleichfalls in mehreren Handschriften bei Cicer. Brt. 18, 70 u. Plinius N. H. 35, 78 findet, wo aber in neuerer Zeit richtig die andere Lesart hergestellt ist. Aëtion lebte zur Zeit Alexander's des Großen.

[88] Polykletus aus Sycion im Peloponnese, berühmter Bildhauer, im Zeichnen und Malen nicht unerfahren, ein Zeitgenosse des Perikles. Er war ein Schüler des Argivers Ageladas. Unter seinen Bildhauerwerken wurde besonders gerühmt eine Juno aus Elfenbein und Gold und ein Doryphorus. S. Plinius H. N. 34, 8.

[89] Lucius Mummius zerstörte Korinth im J. 146 v. Chr. Von den unendlich vielen und herrlichen erbeuteten Kunstwerken behielt er für sich Nichts, sondern schmückte damit die Stadt Rom aus; einige schenkte er auch anderen Städten Italiens. Vgl. Strabo 8, c. 6. Nach Plinius 34, 7. starb er so arm, daß er seiner Tochter keine Mitgift hinterließ.

er ein Korinthisches Nachtgeschirr leidenschaftlich betaste; würde er, der für seine Person auf ganz Korinth[90] keinen Werth legte, ihn für einen vorzüglichen Bürger oder für einen sorgsamen Haushofmeister halten?

Möchte doch ein Manius Curius[91] wieder aufleben oder Einer von *den* Männern, in deren Landgütern und Häusern Nichts von Glanz, Nichts von Schmuck sich befand außer ihnen selbst, und sehen, wie ein Mann, der die höchsten Auszeichnungen des Volkes genießt, bärtige Barben in seinem Fischteiche fängt und sie mit den Händen befühlt und sich der Menge seiner Muränen rühmt[92] . Würde er nicht einen solchen Menschen für einen Sklaven so niedriger Art halten, daß er ihn in seinem Hauswesen nicht einmal für irgend ein wichtigeres Geschäft tauglich fände?

39. Oder ist etwa deren Sklaverei zweifelhaft, die aus Begierde nach Vermögen keine Bedingung des härtesten Sklavendienstes zurückweisen? Die Hoffnung auf Erbschaft, übernimmt sie nicht alle Unbilligkeit des Sklavendienstes? welchen Wink des reichen Greises ohne Erben beachtet sie nicht? Sie redet ihm nach dem Munde; was ihr auch zugemuthet werden mag, thut sie; sie begleitet ihn, sitzt bei ihm, macht ihm Geschenke. Was von diesen Dingen ist das Benehmen eines freien Mannes? was, mit einem Worte, nicht das eines trägen Sklaven?

40. Wie? Jene Begierde ferner, die eines freien Mannes würdiger scheint, die Begierde nach Ehrenämtern, Befehlshaberstellen, Provinzen, welche harte Herrin ist sie, wie gebieterisch, wie heftig! Dem Cethegus[93] , einem keineswegs bewährten Menschen, zwang

---

[90] D. h. alle Schätze und Kunstwerke Korinths.

[91] Ueber Manius Curius Dentatus s. zu .

[92] Eine Anspielung auf Lucullus und den Redner Hortensius, die kostbare Fischteiche angelegt hatten. Vgl. Cicer. ad Att.. I. 19 u. 20.

[93] Publius Cornelius Cethegus genoß als Prätor im Staate großes Ansehen (vgl. Cicer. Brut. c. 48), führte aber einen schlechten Lebenswandel. Lucullus, der damals Statthalter in Cilicien zu werden wünschte, um den Krieg mit Mithridates, der wieder auszubrechen drohte, zu führen, erniedrigte sich so sehr, daß, obwol er den Cethegus wegen seines ausschweifenden Lebens verabscheute, kein Mittel unversucht ließ ihn zu gewinnen und sogar seine Geliebte Precia durch Geschenke und Schmeicheleien zu bestechen suchte. S. Plutarch. Vit. Luculli c. 6.

sie Männer dienstbar zu sein, die sich höchst angesehen zu sein dünkten, ihm Geschenke zu senden, des Nachts zu ihm in's Haus zu kommen, ja endlich ihn flehentlich zu bitten. Was ist Sklaverei, wenn dieß für Freiheit gelten kann?

Wie? Wenn die Herrschaft der Begierden gewichen und eine andere Herrin erstanden ist aus dem Bewußtsein der Sünden, die Furcht, was ist das für eine elende, was für eine harte Sklaverei! Jungen Männern, die sich ein Wenig auf das Schwatzen verstehen, muß man dienen[94] ; Alle, die Etwas zu wissen scheinen, werden wie Herren gefürchtet. Der Richter vollends, welche Herrschaft übt er! mit welcher Furcht erfüllt er die Schuldigen! Oder ist nicht jede Furcht eine Sklaverei?

41. Was für eine Geltung hat also jene mehr wortreiche als weise Rede des großen Redners Lucius Crassus[95] : »*Entreißt aus der Sklaverei!*«? – Was versteht unter Sklaverei der so ungesehene und vornehme Mann? – »*Laßt uns Niemandem dienstbar sein!*« – Will er in Freiheit gesetzt werden? Keineswegs; denn was fügt er hinzu? – »*Außer euch allen insgesammt.*« – Den Herrn will er umändern, nicht frei sein. – »*Denen wir dienen können und es schuldig sind.*« – Wir aber, wenn anders uns ein erhabener und großer und durch Tugenden emporgetragener Geist einwohnt, sind es weder schuldig, noch können wir es. Du magst sagen, daß du es könnest, weil du es ja kannst. Daß du es aber schuldig seiest, sage nicht, weil Niemand Etwas schuldet, als was schimpflich ist nicht zurückzuerstatten.

Doch genug hiervon. Jener mag zusehen, wie er ein Befehlshaber sein könne, da die Vernunft und die Wahrheit selbst darthut, daß er nicht einmal frei ist.

---

[94] Nämlich um nicht von ihnen angeklagt zu werden.

[95] Lucius Licinius Crassus, einer der größten Redner unter den Römern vor Cicero. S. unsere . Die hier angeführte Rede ist die, welche Crassus im J. 106 v. Chr. hielt, um den Gesetzvorschlag des Consuls Quintus Servilius Cäpio zu unterstützen, in welchem der Vorschlag gemacht war, daß die Gerechtigkeitspflege, die seit dem J. 122 v. Chr. in den Händen der Ritter war, gemeinschaftlich von den Rittern und dem Senate verwaltet werden sollte. Die Römischen Ritter hatten sich nämlich der größten Ungerechtigkeit und Grausamkeit gegen den Senat schuldig gemacht. Doch ging der Vorschlag wahrscheinlich nicht durch. Vergl. Cicer..

Sechstes Paradoxon.

Ὅτι μόνος ὁ σοφὸς πλούσιος.

Der Weise allein ist reich.

42. Was ist das für eine unverschämte Prahlerei mit Erwähnung deines Geldes? Bist du allein reich? Bei den unsterblichen Göttern, ich soll mich nicht freuen Etwas gehört und gelernt zu haben? Bist du allein reich? Wie, wenn du nicht einmal reich? wie, wenn du sogar arm wärest? Denn was verstehen wir unter einem Reichen, oder von welchem Menschen gebrauchen wir diese Benennung? Ich meine von dem, der so Viel besitzt, als zu einem anständigen Leben leicht genügen mag, der weiter Nichts sucht, Nichts verlangt, Nichts wünscht. 43. Dein eigenes Herz muß dich für reich erklären, nicht der Menschen Gerede noch deine Besitzungen. – »Nun es glaubt, daß ihm Nichts fehle; es kümmert sich um Nichts weiter; es ist gesättigt oder auch zufriedengestellt durch Geld«[96]. – Ich gebe zu, es ist reich. Wenn du aber aus Geldgier keine Art des Gewerbes für schimpflich hältst, obwol für deinen Stand[97] keine irgendwie ehrenvoll sein kann; wenn du täglich betrügst, hintergehst, Forderungen machst, Vergleiche[98] schließest, wegnimmst, entwendest; wenn du Bundesgenossen beraubst, den Staatsschatz ausplünderst; wenn du Vermächtnisse deiner Freunde nicht einmal erwartest[99], sondern selbst unterschiebst: sind das Zeichen eines in Ueberfluß oder in Dürftigkeit lebenden Menschen?

44. Der Geist des Menschen pflegt reich genannt zu werden, nicht sein Kasten. Mag dieser noch so voll sein; so lange ich dich selbst

---

[96] Die Worte: »Nun es glaubt – durch Geld« muß man als Einwurf des Reichen auf die vorhergehenden Worte auffassen.

[97] Cicero denkt sich einen Senator oder hochgestellten Staatsmann, für deren Stand es nach der Römischen Denkungsweise für schimpflich galt irgend ein Gewerbe zu treiben.

[98] Nämlich ungerechte.

[99] Nach Halm's Muthmaßung: si testamenta amicorum ne exspectas quidem; das ne konnte zwischen den Buchstaben m und e leicht ausfallen. Die Lesart der Ausgaben: si t. a. exspectas aut ne exspectas quidem beruht auf keiner handschriftlichen Autorität.

leer sehe, werde ich dich nicht für reich halten. Denn nach dem, was Jedem genügt, bestimmen die Menschen das Maß des Reichthums. Es hat Jemand Eine Tochter, nun so braucht er Geld; hat er zwei, so braucht er mehr; hat er mehrere, so braucht er noch mehr. Sollte Einer, wie man von Danaus[100] sagt, funfzig Töchter haben, so erheischen so viele Aussteuern eine große Summe Geldes. Denn nach eines Jeden Bedürfniß richtet sich, wie ich zuvor bemerkte, das Maß des Reichthums. Wer also nicht viele Töchter, wol aber unzählige Begierden hat, die in kurzer Zeit die größten Schätze erschöpfen können; wie soll ich den reich nennen, da er seine eigene Dürftigkeit empfindet?

45. Viele haben von dir die Aeußerung gehört[101] , Niemand sei reich, der nicht ein Heer von seinen Einkünften unterhalten könne. Und dieses vermag das Römische Volk bei so großen Staatseinkünften schon lange nur mit Mühe. Also dieses vorausgesetzt, wirst du niemals reich sein, bevor dir von deinen Besitzungen nicht so viel einkommen wird, daß du davon sechs Legionen[102] und viele Hülfstruppen an Reiterei und Fußvolk fortwährend unterhalten kannst. Nun gestehst du also, daß du nicht reich bist, da dir zur Befriedigung deiner Wünsche so Viel mangelt. Und so hast du denn auch diese deine Armut oder vielmehr Dürftigkeit und Bettelhaftigkeit nicht undeutlich zu erkennen gegeben.

---

[100] Danaus, der aus Aegypten nach dem Peloponnes gewandert war und daselbst Argos gründete, hatte funfzig Töchter, die die funfzig Söhne ihres Oheims Aegyptus, Königs von Aegypten, heiratheten, auf Befehl ihres Vaters aber, mit Ausnahme der Hypermnestra, die ihren Gemahl Lynceus rettete, ihre Männer in der Hochzeitsnacht ermordeten. Für diese Frevelthat wurden sie in der Unterwelt verurtheilt ein durchlöchertes Faß mit Wasser zu füllen.

[101] Aus diesen Worten ersieht man deutlich, daß Cicero in diesem Paradoxon vorzüglich den Marcus Licinius Crassus im Sinne gehabt hat. Im J. 60 v. Chr. schloß er mit Cäsar und Pompejus das Triumvirat, und im J. 54 kam er in einem Kriege gegen die Parther um. Er war unermeßlich reich, weßhalb er auch den Beinamen »der Reiche« erhielt, und höchst habsüchtig. Ueber den hier erwähnten Ausspruch vgl. Plutarch. Cicer. 25. Crass. 2. Cicer.. Plinius N. H. XXXIII. 10, 47.

[102] Die Stärke der Legionen war zu verschiedenen Zeiten verschieden. In damaliger Zeit bestand eine Legion etwa aus 4200 Mann Fußvolk und 300 Reitern außer den Hülfstruppen der Bundesgenossen.

46. Denn sowie wir einsehen, daß diejenigen, welche auf anständige Weise durch Handel, durch Verdingung von Arbeitern, durch Uebernahme von Staatspachtungen Gewinn suchen, des Erwerbes bedürfen; so muß, wer sieht, wie in deinem Hause Scharen ebenso von Angeklagten wie von Angebern[103] vereinigt sind, wie schuldige, aber reiche Angeklagte unter deinem Beistande die Bestechung des Gerichtes versuchen, wie du dir Lohn für Anwaltsdienste ausbedingst[104], wie du dich in Zusammenkünften von Bewerbern um Staatsämter mit Geldsummen verbürgst[105], wie du Freigelassene aussendest, um Provinzen durch Wucher auszusaugen und zu plündern; wer die Vertreibung der Nachbarn[106], die Räubereien auf dem Lande, die Verbindungen mit Sklaven, mit Freigelassenen und Schutzbefohlenen, die leerstehenden Besitzungen, die Achtserklärung der Begüterten, die Verwüstungen von Municipien, jene Aernte der Sullanischen Zeit[107], die unterschobenen Vermächtnisse, die Ermordung so vieler Menschen sich vergegenwärtigt; wer

---

[103] indicum; andere Handschriften haben judicum, alsdann muß accusatorum von accusator abgeleitet werden.

[104] Nach dem Cincischen Gesetze, das von dem Volkstribun Marcus Cincius Alimentus im J. 205 v. Chr. gegeben war, war es den Anwälten verboten für Rechtsvertheidigungen Geld oder Geschenke anzunehmen (ne quis ob causam orandam pecuniam donumve acciperet). S. Orelli Index Leg. p. 151. Freilich wurde dieses Gesetz oft überschritten.

[105] Nach Lang's Muthmaßung: intercessiones statt der handschriftlichen offenbar verderbten Lesart intercidas, die Halm beibehalten, aber mit dem Zeichen der Verderbniß versehen hat. Plutarch im Leben Cäsar's Kap. 11 erzählt, Crassus habe sich für Cäsar mit 830 Talenten verbürgt, als dieser als Prätor nach Spanien gehen wollte und von seinen Gläubigern zurückgehalten wurde. Auf ähnliche Weise mag dieß von Crassus auch bei Bewerbern um Staatsämter gethan worden sein.

[106] Aus ihrem Landbesitze. Vgl. Flor. 3, 14: depulsam agris suis plebem miseratus est (Gracchus) u. Cicer. pro Milon. 27, 74.

[107] Nachdem Lucius Cornelius Sulla seinen Gegner Marius bekämpft hatte, übte er gegen Alle, die der Partei des Marius angehört hatten, die abscheulichsten Grausamkeiten aus, und zwar nicht allein in Rom, sondern in allen Städten Italiens, wo sich Marianer aufhielten. Zu vielen Tausenden wurden sie ermordet oder geächtet und ihre Güter eingezogen. S. Plutarch. Sulla c. 30–33. Crassus, der ein thätiger Anhänger des Sulla war, benutzte diese Zeit, um sich zu bereichern, indem er große Güter der Geächteten und Ermordeten wohlfeil kaufte oder sich schenken ließ. S. Plutarch. Crass. c. 6.

endlich weiß, wie Alles käuflich war, Wahlen[108] , Beschlüsse, die Stimme Anderer und die eigene, der Gerichtsplatz, das Haus, das Reden und Schweigen: wer sollte da nicht der Ansicht sein, daß dieser eingestehe, er bedürfe des Erwerbes? Wer aber eines Erwerbes bedarf, wie dürfte ich den je in Wahrheit reich nennen?

47. Nun liegt ferner der vom Reichthume gewährte Genuß in seiner Fülle; die Fülle zeigt sich aber in Hinlänglichkeit und Ueberfluß der Dinge. Weil du nun aber dieses nie erreichst, so besitzest du nie die Fähigkeit reich zu werden. Weil du aber mein Vermögen gering achtest, und mit Recht; – es ist ja nach der Meinung der großen Menge nur mittelmäßig, nach der deinigen gar keines, nach der meinigen das rechte Maß haltend; – so will ich über mich schweigen und nur von der Sache selbst reden.

48. Wenn wir den Werth einer Handlung abwägen und abschätzen sollten, würden wir wol das Gold des Pyrrhus höher schätzen, das er dem Fabricius[109] anbot, oder die Enthaltsamkeit des Fabricius, der dieses Gold zurückwies? das Gold der Samniten oder die Antwort des Manius Curius[110] ? die Hinterlassenschaft des Lucius Paullus oder die Freigebigkeit des Africanus[111] , der von dieser Hinterlassenschaft seinem Bruder Quintus Maximus seinen Antheil überließ?

Wahrlich diese Handlungen, welche aus den höchsten Tugenden entsprangen, muß man höher schätzen als die Vortheile, die das Geld gewährt. Wer also – wenn anders Einer in dem Grade für reicher zu halten ist, als er das besitzt, was den höchsten Werth hat, – dürfte zweifeln, daß in der Tugend der Reichthum bestehe, weil

---

[108] dilectum (oder nach anderen Handschriften delectum) erklären die meisten Herausgeber von der Aushebung der Soldaten, die jedoch hier, wo nur von gerichtlichen Dingen die Rede ist, ganz unpassend sein würde. Richtig bezieht es Borgers auf die Zahl der Richter; denn die Macht des Geldes bei Bestechung der Gerichte soll erwähnt werden. Er vergleicht Cicer. Phil. 5, 5: dilectus autem et notatio judicum etiam in nostris civibus haberi solet.Halm billigt in den Anmerkungen die Muthmaßung von P. Manutius und Madvig:edictum, dergleichen plötzliche edicta in dem I. Buche der Verrinen Kap.40 ff. erwähnt würden.

[109] S. zu .

[110] S. u. 56. u. die Anm. zu .

[111] S. zu .

54

kein Besitz, keine Menge Goldes und Silbers höher als die Tugend zu schätzen ist?

III.49. O ihr unsterblichen Götter! die Menschen begreifen nicht, welch großes Einkommen die Sparsamkeit sei. Ich komme nämlich jetzt auf die großen Aufwand Machenden und verlasse diesen Gewinnsüchtigen. Jener[112] gewinnt von seinen Landgütern sechsmalhunderttausend Sestertien[113], ich nur hunderttausend von den meinigen; für jenen, der sich vergoldete Zimmerdecken in seinen Landhäusern und marmorne Fußböden machen läßt und Bildsäulen und Gemälde, Hausgeräthe und Kleidungsstücke ohne Maß begehrt, ist jener Ertrag nicht nur zu seinem Aufwande[114], sondern auch zu den zu zahlenden Zinsen ein geringer; von meinem unbeträchtlichen Einkommen wird nach Abzug des Aufwandes für mein Vergnügen sich auch noch ein Ueberschuß finden. Wer ist also reicher? der, welchem fehlt, oder der, welcher überhat? welcher Mangel leidet, oder welcher Ueberfluß hat? der, dessen Besitzthum, je größer es ist, desto mehr Kosten zu seiner Unterhaltung erfordert, oder der, dessen Besitzthum sich durch seine eigenen Mittel erhält?

50. Doch was rede ich von mir, der ich in Folge der Verdorbenheit der Sitten und der Zeiten vielleicht selbst auch an den Irrthümern unseres Jahrhunderts nicht geringen Theil nehme? Manius Manilius[115], der zu unserer Väter Zeit lebte, um nicht immer die Curier und Luscinier[116] im Munde zu führen, war er um's Himmels willen

---

[112] Cicero geht von dem Plurale sumptuosos (die Aufwand Machenden) zu dem Singulare ille (jener) über.

[113] Zu Cicero's Zeit galt der Sestertius etwa 15 Pfennige; also machen 600,000 Sestertien nach unserem Gelde etwa 30,000 Thaler, und 100,000 Sestertien 5000 Thaler.

[114] Halm liest mit den meisten alten Ausgaben: non modo ad sumptum ille est fructus; die meisten Handschriften haben: non modo ad fructum ille est sumptus; der cod. Vossianus nr. 10: non modo fructus ille ad sumptus; hierauf gestützt liest Moser (s. dessen XII Excurs. p. 365 sqq.): non modo fructus ille est ad sumptus, sed etiam ad fenus exiguus; aber in dieser Lesart ist die Wortstellung höchst störend, nach welcher fructus einen Gegensatz verlangen würde.

[115] Ueber Manius Manilius s. zu .

[116] Ueber Manius Curius Dentatus und über Gajus Luscinus Fabricius s. zu .

arm[117] ? Freilich besaß er nur ein kleines Häuschen in der Carinen-straße[118] und ein Grundstück im Labicenischen Gebiete[119]. Sind wir etwa reicher, die wir mehr haben? O wäre es doch so! Aber nicht nach der Schätzungsliste, sondern nach der Lebensart und häuslichen Einrichtung wird das Maß des Vermögens bestimmt. 51. Keine Begierden haben ist so gut als Vermögen; nicht kaufsüchtig sein so gut als Einkünfte; mit dem aber, was man hat, zufrieden sein ist der größte und sicherste Reichthum.

Denn wenn jene klugen Abschätzer der Güter gewisse Wiesen und Grundflächen hoch abschätzen, weil dieser Art von Besitzungen am Wenigsten, so zu sagen[120], geschadet werden kann; wie hoch muß die Tugend geschätzt werden, die nicht entrissen oder heimlich entwendet werden kann, nicht durch Schiffbruch oder Feuersbrunst verloren geht, nicht durch stürmische Witterung oder durch Wirren der Zeitverhältnisse verändert wird! Diejenigen also, welche sie besitzen, sind allein reich. 52. Denn sie allein besitzen sowol gewinnreiche als ewig dauernde Güter, und sie allein sind – und dies ist das wesentliche Merkmal des Reichthums – mit dem Ihrigen zufrieden; sie begnügen sich mit dem, was sie haben, sie trachten nach Nichts, sie entbehren Nichts, sie empfinden keinen Mangel, sie vermissen Nichts. Schlechte und habsüchtige Menschen hingegen, weil sie ungewisse und vom Zufall abhängige Besitzungen haben und immer nach Mehr trachten, und sich unter ihnen noch Keiner gefunden hat, der sich mit dem begnügt, was er hat,

---

[117] Ohne Zweifel muß man diese Stelle wegen des Wortes tandem als Frage nehmen: M. Manilius... pauper tandem fuit?halm und die übrigen Herausgeber lassen das Fragzeichen weg; wie will man aber alsdann tandem erklären? Wyttenbach hat zuerst darauf aufmerksam gemacht, ist aber von den Herausgebern nicht beachtet worden, auch von Moser nicht, der doch an tandem mit Recht Anstoß genommen hat.

[118] Die Carinenstraße (carinae) lag an dem Esquilinischen Berge. S. Georges Lat. Wörterb. unter carina.

[119] Labicum war eine kleine Stadt, nicht weit von Rom.

[120] minime quasi noceri potest. An dem Worte quasi, das ich durch »so zu sagen« übersetzt habe, haben die Herausgeber großen Anstoß genommen, und mehrere von ihnen halten dasselbe für verderbt. Das Wort quasi ist aber von Cicero mit seinem Gefühle zu dem Verb nocere hinzugesetzt, da nocere im strengen und eigentlichen Sinne des Wortes nur von Personen, nicht aber von Sachen gebraucht werden kann.

sind nicht für begütert und reich, sondern sogar für unbemittelt und arm zu halten.

Über tradition

Eigenes Buch veröffentlichen

tradition wurde 2006 in Hamburg gegründet und hat seither mehrere tausend Buchtitel veröffentlicht. Autoren veröffentlichen in wenigen leichten Schritten gedruckte Bücher, e-Books und audio-Books. tradition hat das Ziel, die beste und fairste Veröffentlichungsmöglichkeit für Autoren zu bieten.

tradition wurde mit der Erkenntnis gegründet, dass nur etwa jedes 200. bei Verlagen eingereichte Manuskript veröffentlicht wird. Dabei hat jedes Buch seinen Markt, also seine Leser. tradition sorgt dafür, dass für jedes Buch die Leserschaft auch erreicht wird.

Im einzigartigen Literatur-Netzwerk von tradition bieten zahlreiche Literatur-Partner (das sind Lektoren, Übersetzer, Hörbuchsprecher und Illustratoren) ihre Dienstleistung an, um Manuskripte zu verbessern oder die Vielfalt zu erhöhen. Autoren vereinbaren direkt mit den Literatur-Partnern die Konditionen ihrer Zusammenarbeit und partizipieren gemeinsam am Erfolg des Buches.

Das gesamte Verlagsprogramm von tradition ist bei allen stationären Buchhandlungen und Online-Buchhändlern wie z. B. Amazon erhältlich. e-Books stehen bei den führenden Online-Portalen (z. B. iBookstore von Apple oder Kindle von Amazon) zum Verkauf.

Einfach leicht ein Buch veröffentlichen: **www.tradition.de**

Eigene Buchreihe oder eigenen Verlag gründen

Seit 2009 bietet tredition sein Verlagskonzept auch als sogenanntes "White-Label" an. Das bedeutet, dass andere Unternehmen, Institutionen und Personen risikofrei und unkompliziert selbst zum Herausgeber von Büchern und Buchreihen unter eigener Marke werden können. tredition übernimmt dabei das komplette Herstellungs- und Distributionsrisiko.

Zahlreiche Zeitschriften-, Zeitungs- und Buchverlage, Universitäten, Forschungseinrichtungen u.v.m. nutzen diese Dienstleistung von tredition, um unter eigener Marke ohne Risiko Bücher zu verlegen.

Alle Informationen im Internet: **www.tredition.de/fuer-verlage**

tredition wurde mit mehreren Innovationspreisen ausgezeichnet, u. a. mit dem Webfuture Award und dem Innovationspreis der Buch Digitale.

tredition ist Mitglied im Börsenverein des Deutschen Buchhandels.

Dieses Werk elektronisch lesen

Dieses Werk ist Teil der Gutenberg-DE Edition DVD. Diese enthält das komplette Archiv des Projekt Gutenberg-DE. Die DVD ist im Internet erhältlich auf **http://gutenbergshop.abc.de**

FSC
www.fsc.org

MIX

Papier | Fördert
gute Waldnutzung

FSC® C083411

Zeitfracht Medien GmbH
Ferdinand-Jühlke-Straße 7
99095 Erfurt, Deutschland
produktsicherheit@kolibri360.de